LE
NÉGRIER

AVENTURES DE MER.

PAR
ÉDOUARD CORBIÈRE
DE BREST.

Deuxième édition.

1.

PARIS,
A. J. MÉNAIN ET DELAMARE,
ÉDITEURS DE L'HISTOIRE DE L'EXPÉDITION FRANÇAISE EN ÉGYPTE,
16. RUE VIVIENNE.
—
1834.

HISTOIRE
SCIENTIFIQUE ET MILITAIRE
DE
XPÉDITION FRANÇAISE
EN ÉGYPTE,
PRÉCÉDÉE
D'UNE INTRODUCTION,

t le tableau de l'Égypte ancienne et moderne, dep..s
raons jusqu'aux successeurs d'Ali-Bey; et suivie du
s événemens survenus en ce pays depuis le départ des
is et sous le règne de Mohammed-Ali;

Dédiée au Roi.

d'après

ÉMOIRES, MATÉRIAUX, DOCUMENS INÉDITS

fournis par

omte Belliard, Boucher (secrétaire-général de la ma-
marquis de Châteaugiron, comte d'Aure, baron Des-
s, Dutertre, baron Larrey, général J. Miot,
ol. Poussielgue, comte Ra apon, Redouté, Prix-R ,
Taylor, etc., etc.; et rédigée par MM. le colonel Bory
nt-Vincent, marquis de Fortia d'Urban, Geoffroy
ilaire (membre de l'Institut), Isidore Geoffroy Saint-
, général Gourgaud, Jullien de Paris, Marcel (direc-
l'Imprimerie du Kaire), l'arseval de Grandmaison (de
émie française), Louis Reybaud, Rey-Dussueil, X. B.
e, etc., etc.

olumes in-8° avec un Atlas in-4° de 400 Gra-
Cartes, Plans, Portraits, contenant plus de 900

and ouvrage est publié en 60 livraisons du prix
ncs.

LE NÉGRIER.

Sous presse :

LES ASPIRANS DE MARINE,

PAR ÉDOUARD CORBIÈRE.

2 vol. in-8°.

PARIS. — IMPRIMERIE DE COSSON,
Rue Saint-Germain-des-Prés, n. 9.

LE
NÉGRIER

AVENTURES DE MER.

PAR

ÉDOUARD CORBIÈRE,

DE BREST.

DEUXIÈME ÉDITION.

1.

PARIS,
A.-J. DÉNAIN ET DELAMARE,
ÉDITEURS DE L'HISTOIRE DE L'EXPÉDITION FRANÇAISE EN ÉGYPTE,
16. RUE VIVIENNE.
1834.

A MONSIEUR

Henri Zschokke,

A ARAU.

Souvent je me suis rappelé l'émotion profonde que vous firent éprouver, en ma présence, la vue de la mer et l'aspect de ces êtres hardis qui se sont fait un métier d'en affronter les dangers. Les impressions d'un homme comme vous sont presque toujours des jugemens portés sur les objets qui les ont produites. Vous avez désiré connaitre les mœurs de ces marins, qui vous ont paru quelque chose de plus que des hommes ordinaires. J'ai passé ma jeunesse au milieu d'eux : leur profession a été vingt ans la mienne. Placé aujourd'hui en dehors de leur vie active, avec d'autres sensations et d'autres travaux, j'ai voulu peindre, comme d'un point de vue favorable à un artiste qui a parcouru le pays, leur caractère aventureux, et les habitudes de leur vie nomade, au milieu d'un élément dont ils se sont fait une patrie. J'ai fait un roman, enfin, avec quelques matériaux d'histoire traditionnelle, et je vous le dédie, comme à un des patriarches du genre.

N'allez pas croire toutefois, Monsieur, que la réputation élevée que vos ouvrages vous ont acquise soit le seul motif qui m'ait déterminé à placer sous l'égide de votre supériorité un essai trop peu digne de la protection que je semble vouloir lui chercher. Si j'avais connu un littérateur qui eût honoré plus que vous des fonctions publiques, ou un homme public qui eût porté, dans la littérature, un caractère plus pur et des prétentions plus modestes, c'est à lui que j'aurais offert le faible hommage que je vous prie aujourd'hui d'agréer, avec la bienveillance dont vous avez bien voulu m'honorer.

ED. CORBIÈRE.

Un jeune capitaine négrier, que j'avais connu à Brest dans mon enfance, me rencontra, en 1818, à la Martinique. Il se mourait d'une maladie incurable, contractée à la côte d'Afrique. « Si tu es encore ici *quand je filerai mon câble par le bout,* me dit-il dans le langage qui lui était ordinaire, tu ramasseras quelques paperasses que j'ai laissées au fond de ma malle. C'est le journal de ma vie de forban, écrit sur l'habitacle de ma goëlette, en style d'écumeur de mer. Tu m'arrangeras un peu tout ce barbouillage, en ayant soin de cacher mon nom, par égard pour ma pauvre mère. C'est bien assez que *je lui aie ravi tout ce qui la consolait de m'avoir mis au monde*, sans que j'aille encore poursuivre les jours qui lui restent, du souvenir d'un *garnement* comme moi.» Je ne compris que plus tard le sens de ces derniers mots.

Cinq jours après notre rencontre, mon ami négrier expira dans mes bras, chez une mulâtresse. Quelques minutes avant d'exhaler son dernier souffle, ses lèvres charbonnées murmuraient encore une chanson de gaillard d'avant. Il voulait, disait-il, *faire tête à la mort jusqu'au bout.* Il tint parole.

On ouvrit son testament. Il me léguait son brick-goëlette, superbe embarcation sur laquelle il avait fait trois voyages à la côte.

Le reste de sa fortune revenait à sa mère. Je savais qu'il avait un frère qu'il aimait beaucoup, et je fus surpris de ne retrouver, dans l'expression de ses dernières volontés, aucune disposition favorable à celui-ci.... Je ne voulus accepter que *le journal de mer* de mon compatriote. C'est cet écrit, aussi bizarre que les événemens qui l'ont produit, que je me suis appliqué à mettre un peu en ordre, en traversant une douzaine de fois l'Océan.

LE NÉGRIER.

1.

LE DÉPART.

Vocation. — Le professeur athée. — Le corsaire le *Sans-Façon*. — Le capitaine Arnandault. — Mal de mer. — Cure radicale. — Maître Philippe. — Fil-à-Voile. — Combat. — Prise. — Coup de cape. — Contes du bord. — Le protégé du capitaine d'armes. — Petit Jacques.

Les circonstances de ma naissance semblèrent tracer ma vocation. Je reçus le jour en pleine mer, dans une traversée que mon père, vieil officier d'artillerie de marine, faisait faire à une jolie créole qu'il avait épousée aux Gonaïves, et qu'il ramenait en France à bord de sa frégate.

Un frère arriva au monde en même temps que moi, et je puis dire du même coup de roulis; car ce fut dans la violence d'une bourrasque et au moment où notre bâtiment recevait le choc d'une lame effroyable, que ma mère accoucha de nous deux, après sept mois de grossesse.

En débarquant à Brest, notre destination, mon père n'eut rien de plus pressé que de faire baptiser ce qu'il appelait gaîment le double péché de sa vieillesse. Il voulut nous tenir, malgré les observations du curé de Saint-

Louis, sur les fonts baptismaux, enveloppés du pavillon de poupe de sa frégate; et par un hasard, qui fut accepté alors comme le plus heureux présage, en me débattant pendant la cérémonie, je passai ma petite tête dans un trou de boulet que le pavillon qui nous servait de langes avait reçu dans un combat mémorable. Les témoins de ce prodige en conclurent que je ne pourrais faire autrement que de devenir dans peu une des gloires de la marine française. Les vieux marins sont superstitieux; mais leur crédulité n'a jamais rien que ne puisse avouer leur courage ou leur fierté.

A neuf ans, je savais nager et je ne savais pas lire. A douze ans, j'étais déjà aussi mauvais petit sujet qu'on peut l'être à cet âge. Mon frère remportait tous les prix de ses classes. Il faisait les délices de ses professeurs. J'en faisais le tourment. Quand on l'attaquait, je me battais pour lui : quand j'étais puni, il faisait mes *pensums*. Je l'aimais à ma manière, avec impétuosité et brusquerie. Il me chérissait de son côté; mais son amitié, douce et caressante, avait quelquefois pour moi l'air du reproche. J'étais l'idole de mon père, qui retrouvait en moi tous les défauts de sa jeunesse. Ma mère ne pouvait vivre qu'auprès d'Auguste : c'était le nom de mon frère. Mon père avait voulu qu'on m'appelât, comme lui, *Léonard*. C'était à son avis u nom sonore, qui avait quelque chose de marin et de martial (1).

Chaque semaine nos parens nous donnaient quelques sous, que nous employions selon nos goûts différens. Auguste achetait des livres avec ses petites épargnes. Moi, je me glissais dans les bateaux de passage du port, pour acheter, des bateliers, le plaisir de manier un aviron ou de brandir fièrement une gaffe. Souvent je parvenais à démarrer furtivement du rivage un canot sur lequel je me confiais

---

(1) Je cache ici, sous cette appellation, le vrai nom du narrateur, pour remplir l'intention qu'il m'exprima en me confiant son *Journal de mer*.

seul aux flots que je voulais apprendre à maîtriser. Assis derrière une mauvaise embarcation, la barre sous le bras, bordant une misaine en lambeaux, je rangeais les vaisseaux de ligne mouillés sur rade, en fumant de mon mieux un cigarre détestable qui me soulevait le cœur. C'est dans ces momens que, m'abandonnant à la destinée que je me croyais promise, je rêvais avec ivresse et au bruit des vagues qui me berçaient, le jour où je pourrais affronter des tempêtes, les dompter ou périr au milieu d'elles.

Ces petites luttes, que mon inexpérience livrait aux lames et aux vents de la rade de Brest, sont les seuls amusemens de mon enfance que je me sois toujours rappelés avec plaisir. Mes illusions n'avaient qu'un objet : ma mémoire n'a guère conservé délicieusement qu'un souvenir.

Les jeunes gens de Brest, comme tous ceux des ports de guerre, n'ont à choisir à peu près qu'entre trois carrières qui toutes conduisent au même but : servir sur mer, en qualité de chirurgien, d'aspirant ou de commis de marine. Il semble que, sur ces boulevards maritimes de la France, les hommes ne naissent aussi près de l'Océan, que pour être plus tôt prêts à en braver les dangers. Le temps était venu où il fallait que nos parens, privés de fortune, songeassent à nous donner une profession.

Les marins jurent sans cesse leurs grands Dieux, qu'ils aimeraient mieux étouffer leurs enfans au berceau que de leur laisser prendre le métier auquel ils ont quelquefois eux-mêmes consacré si inutilement leur vie; et tous finissent par pleurer de joie quand leurs fils embrassent la carrière dans laquelle ils ont laissé un souvenir. Mon père ne se dissimulait pas les inconvéniens d'une profession dont il n'avait retiré que des blessures, le scorbut, la fièvre jaune et une modique retraite; mais un jeune homme ne lui paraissait venu au monde que pour servir la patrie. Il appelait ne rien faire, n'être pas militaire ou marin ; mais avoir essayé trois ou quatre combats, quelques naufrages; mais avoir *oublié* un bras, une jambe sur un champ de bataille, c'était, à son avis, s'être acquitté de sa mission d'homme. Avec de telles idées, il n'était pas difficile de prévoir le métier qu'il serait bien aise de nous voir choisir.

La petite maison que nous habitions à Brest était placée sur le cours d'Ajot, et de chacune de ses croisées on pouvait découvrir la rade dans toute sa majesté. Un jour que les vaisseaux faisaient l'exercice à feu, mon père nous appela près de lui, et, ouvrant une fenêtre d'où il contemplait, depuis une heure, le magnifique spectacle d'un combat naval simulé, il nous demanda, enivré de la fumée de poudre que lui apportait la brise : *Que voulez-vous être, mes enfans ?*— Marin, si tu le veux, répondit mon frère avec sa soumission accoutumée. —Et toi, Léonard?— Marin! quand bien même tu ne le voudrais pas, m'écriai-je presque avec colère. — Et peut-on être autre chose quand on voit cela? s'écria l'auteur de mes jours en me pressant avec orgueil sur sa poitrine palpitante, et en proclamant, devant ma mère qui fondait en larmes, que je venais de faire une réponse digne de lui. Il fut donc décidé que mon frère et moi nous entrerions dans cette carrière qui commence par le grade de mousse, et qui finit, pour si peu de marins, par celui d'amiral.

Pour prétendre au titre d'aspirant, premier degré de l'échelle qu'ont à parcourir ceux qui se destinent à être officiers de marine, il fallait avoir servi un an au moins sur les bâtimens de l'état, et s'être fourré dans la tête un peu de mathématiques. Mon frère et moi nous fûmes embarqués sur un vaisseau qui ne quittait pas la rade, et à bord duquel nous nous rendions les jours de grande revue seulement : on appelait cela faire ses mois de mer.

Les cours de mathématiques sont publics. La classe d'arithmétique était faite, de mon temps, par un vieux professeur qui ne concevait pas comment il pouvait y avoir au monde autre chose que des athées. L'originalité de ce patriarche des incrédules me plut. Le professeur s'intéressa à moi, moins sans doute pour les dispositions que j'avais à la science, que pour celles que je pourrais avoir un jour à l'incrédulité. Toutes les fois que je me présentais au tableau, pour démontrer une proposition, et qu'il m'arrivait de débiter une absurdité, le vieillard grommelait entre les dents qui lui restaient: *C'est faux comme la Vie des Saints*, ou bien : *c'est vrai comme il y a un Dieu!* Il fallait alors effacer la figure tracée à la craie, et résumer de nouveau toute la proposition.

C'est aux soins de cet athée relaps, nom qu'il se donnait lui-même, que je dus l'avantage de ramasser, en courant sur les bancs de l'école, quelque peu d'arithmétique, de géométrie et ce qu'il fallait d'astronomie pour pointer une carte et mesurer une latitude en mer, par le moyen le plus simple. « C'est bien dommage, Léonard, me répétait souvent mon incrédule professeur, que tu ne te sois pas livré avec plus d'application à l'étude des mathématiques ! Tu aurais fini, mon bon ami, par être ferré en athéisme. Une bonne proposition de géométrie est, vois-tu bien, la seule chose à laquelle un homme passablement organisé puisse croire ; et en outre les mathématiques ont un grand avantage, sous le rapport de la science morale, elles apprennent, par *A* plus *B*, à n'avoir foi en rien et à mourir honorablement, en niant la divinité et en crachant sur l'espèce humaine. »

Un prêtre sollicitait un jour, de notre mathématicien, une inscription pour son confessionnal : Ecrivez cette proposition, dit le vieux négateur : *L'hypocrisie est au mensonge comme un confesseur est à son pénitent.*

Le curé de sa paroisse voulut s'emparer, au lit de mort, des derniers instans de cette âme à damner. Après avoir écouté patiemment le long sermon de l'homme d'église, le vieillard murmura entre ses lèvres éteintes ces mots par lesquels on termine ordinairement toutes les propositions énoncées en mathématiques : *C'est ce qu'il s'agit de démontrer*, et il expira.

J'insiste un peu sur les principes de mon professeur; car c'est à lui que je dus les seules notions de science qui aient jamais trouvé accès dans ma mauvaise tête, et l'indifférence religieuse qui, pendant toute ma vie, a élargi le cercle des scrupules au centre duquel les autres hommes restent enchaînés.

L'époque du concours, pour les candidats au grade d'aspirant, arriva. Mon frère se présenta : il fut admis par acclamation. Je me présentai aussi, et je fus refusé d'emblée. Mon caractère irritable se raidit contre cette première contrariété; je sentais une espèce de honte attachée à mon infériorité. Ne pouvant vaincre la position, je la tournai : c'était déjà la pente de mon humeur qui se révélait dans le premier acte un peu important de ma vie.

Un brick, le corsaire *le Sans-Façon*, devait appareiller après avoir réparé les avaries qu'il avait éprouvées dans un combat. Les formes *flibustières* de ce joli navire, avec sa mâture audacieuse penchée sur l'arrière; ses sabords peints de rouge, et son air forban enfin, m'avaient séduit : je passais toutes mes journées à l'admirer et à m'enivrer les sens de ce bruit et de ce spectacle qu'offre le mouvement qui se fait à bord d'un navire de guerre. Un officier du bord m'avait vu souvent regarder le corsaire avec des yeux de convoitise : « Dis donc, petit mousse, me cria-t-il un jour, veux-tu t'embarquer avec moi ? » Cette proposition me sembla être l'avis du ciel, que j'attendais pour naviguer. Sauter à bord, prendre une casaque rouge et un bonnet de laine, et demander à être employé au titre dont l'officier venait de me gratifier, ne fut que l'affaire d'un moment. En sollicitant de mon père la permission de faire une croisière à bord du *Sans-Façon*, j'aurais tout obtenu sans doute, et les exhortations de ma mère et la bénédiction parternelle. Mais, grimper furtivement à bord d'un corsaire, sans laisser une seule trace de ma fuite ; mais faire répandre des larmes à ma famille sur mon sort mystérieux, me semblait un début digne d'un marin qui voulait remplir sa carrière de faits mémorables et de choses extraordinaires. Je devins mousse sans protection et par-dessus le bord.

A peine les huniers du *Sans-Façon*, hissés à tête de mât, furent-ils largués et livrés à la brise de Nord-Nord-Est, qui nous poussait en dehors du goulet de Brest, qu'un des lieutenans du bord appela le maître d'équipage d'arrière : « *Philippe*, lui dit-il, en me prenant par l'oreille, *ton plat* (1) *a besoin d'un mousse; prends ce drôle-là; s'il s'avise d'avoir le mal de mer, tu lui feras alonger quinze coups de fouet sur le derrière pour la première fois, trente pour la seconde, et ainsi de suite jusqu'à parfait rétablissement.* »

— *Ça suffit, lieutenant*, répondit maître Philippe, en mesurant, d'un regard sévère, de la tête aux pieds, la dimension de mon petit individu.

Je regagnai le gaillard d'avant, en faisant déjà de pénibles réflexions sur

---

(1) On nomme un *plat* à bord, la réunion de six à sept matelots qui mangent à la même gamelle.

l'infraction que l'on commettait à la police du bord, en s'avisant d'avoir le mal de mer.

La lame était grosse en dehors des passes. La terre natale disparaissait pour la première fois, à mes yeux surpris, dans des flots de brume, avec les petites îles et les rochers qui l'entourent. Le brick courait au plus près du vent, plongeant son avant dans les lames écumantes qu'il divisait en filant sept nœuds à la main. Les vagues sautaient à bord en mugissant, et les coups de tangage du *Sans-Façon*, se redressant pour passer mutinement sur chaque montagne d'eau, m'arrachaient les entrailles, malgré la ferme résolution que j'avais prise de ne pas être malade.

— Dis donc, *Fil à Voile !* s'écria maître Philippe (ce fut le nom de guerre que le maître d'équipage jugea à propos de me donner en m'adressant la parole pour la première fois), tu m'as l'air d'avoir des *hauts de cœur,* mon ami! Est-ce que, par hasard, tu aurais envie de compter tes chemises ?

— Pas le moindrement du monde, maître Philippe, lui répondis-je de la manière la plus alerte qu'il me fut possible.

— Non, mais tu aurais tort de te gêner, si tu es véritablement malade.

— Malade! pas le moindrement, je vous assure, maître Philippe.

— A la bonne heure, vois-tu ; car je n'aime pas qu'un *moussaillon* se donne des airs d'avoir des pâmoisons. Mais, pour t'*amariner en double*, mon *fiston*, fais-moi la sensible amitié d'aller voir dans la hune de misaine, si par l'effet du hasard, je n'y suis pas.

— Oui, maître Philippe, tout de suite.

Et moi, malgré la défaillance de mes jarrets et la fréquence de mes hoquets, de grimper dans la hune qu'ébranlaient les plus rudes coups de tangage.

— J'ai dans l'idée que ce morceau de chrétien-là fera un bon petit bougre, avec le temps, se prit à dire maître Philippe, en me voyant huché sur le tenon du mât de misaine, sans avoir passé par le trou-du-chat.

Ce mot du maître d'équipage arriva à mon oreille au moment où je lançais sous le vent, et le plus adroitement du monde, le superflu d'un déjeûner à moitié digéré. Je me tenais à peine sur mes jambes affaiblies; mais le maître venait de tirer mon horoscope : je descendis sur le pont avec un aplomb digne de la bonne opinion que maître Philippe venait d'exprimer sur mon compte.

Un homme, jeté inopinément à bord du *Sans-Façon*, aurait frémi, quelque courage qu'il eût, à l'aspect de cet équipage de renégats, rassemblés par l'amour de la rapine et la soif du carnage. A l'âge que j'avais et avec les dispositions naturelles que j'apportais, on ne frémit de rien et on s'abandonne à tout. Cent cinquante matelots, aux yeux hagards, aux larges épaules couvertes de gilets rouges, bouillonnaient, pour ainsi dire, sur le pont de ce navire, dont le platbord était garni de seize caronades de 12. Il fallait entendre ces voix brutales qui se confondaient, ces propos durs qui se croisaient! Et ces visages de bronze, ces mains goudronnées, cette confusion de paroles, cette bigarrure de couleurs et d'effets! Tout cela était de l'harmonie pour mes oreilles, mes yeux et mes mains, qui se pressaient presque avec délices sur les manœuvres, sur les batteries des caronades ou la roue du gouvernail. Au bout de quelques heures de navigation, je ne pensais plus à mes parens. Je sentais que le bord était devenu ma maison, l'équipage ma famille, et la mer ma patrie.

Le capitaine Arnaudault, qui nous commandait, était un de ces corsaires fortement prononcés, que les marins nomment un *Frère-la-Côte*. Il menait avec lui deux de ses fils, qu'il avait fait élever comme de jeunes demoiselles, pour en faire plus tard, disait-il, des flibustiers *comme il faut*. Toute la nuit il se promenait sur le pont, comme une hyène dans sa cage, la longue-vue sous le bras, un foulard négligemment noué sur sa belle tête brune et frisée. Sa large figure était sillonnée d'un coup de hache d'abordage, qui lui était descendu du front au menton, passant par le nez, comme il le répétait souvent, et comme il était facile de s'en apercevoir. Lorsque du haut des mâts de perroquet, les matelots placés en vigie criaient *navire!* tous les yeux se portaient sur les traits du capitaine: c'était dans ses regards que l'équipage cherchait à lire ce qu'il fallait faire, ou à deviner ce qu'on allait devenir. Jamais je n'ai vu, sur un pont de navire, un homme de mer plus imposant. Dans les circonstances ordinaires, il n'avait que cinq pieds et quelques pouces, comme les autres; dans les momens de danger, c'était un géant, et ses matelots des mousses.

Un beau matin, après avoir versé cinq à six *boujarons* de tafia à maître Philippe, qui se plaignait toujours d'éprouver une soif du diable, et après avoir été lui chercher la chique, qu'il oubliait chaque nuit à la tête de son hamac, il me prit envie de monter dans la mâture avec les gabiers qui faisaient la visite du gréement. Cramponné sur le racage du petit perroquet, je promène, pour la première fois, mes regards encore fort peu exercés sur le vaste horizon que le soleil levant commençait à éclairer autour de moi, et mes yeux nagent, avec une sorte de ravissement, dans l'étendue. A peine avais-je porté la vue sur l'espace que le corsaire semblait vouloir dévorer avec sa proue, que j'aperçois au loin un point rond, dont la blancheur contrastait avec la verdeur de la mer. Mon premier mouvement fut de crier *navire!* A ce cri aigu tous les regards s'élèvent vers moi. Le matelot en vigie, qui s'était laissé endormir sur la vergue du petit perroquet, se réveille en sursaut; et, pour me punir d'avoir pris une initiative qui l'exposait à recevoir un châtiment sévère, il me donne un grand coup de poing. Je n'avais pas encore le pied très-marin ; mais j'étais vif et méchant. Suspendu par mes mains aux haubans de catacois, et au dessus de la tête de mon aggresseur, je prends mes longueurs, et je lui assène de mon mieux un coup de pied sur la figure. Il me poursuit, furieux, avec l'avantage de l'habitude: je lui échappe avec la rapidité de la peur. Une drisse de flamme tombe sous ma main : je la saisis et je glisse, comme un serpent sur une liane, le long de ce cordage si grêle, jusque sur le bastingage, la tête la première, laissant dans les enfléchures mon adversaire tout penaud. Les gens de quart, témoins de ce combat aérien, applaudissent à mon adresse. Maître Philippe riait aux éclats; et se disposait à accueillir à coups de garcette le dormeur qui s'était laissé surprendre et battre par un mousse.

Le capitaine me fait demander derrière, après ma prouesse : je crus que c'était pour me fustiger.

— Où as-tu vu le navire?

— Là, sur l'avant à nous, capitaine.

— Est-il loin?

— Je n'en sais rien, capitaine.

— Va te coucher.

— Oui, capitaine.

Mais comme je me disposais à obéir à cet ordre un peu brusque du capitaine, maître Philippe, qui avait causé quelques minutes avec le second, m'invite à monter près de lui sur l'affût d'une caronade, et d'un air moitié sérieux et moitié burlesque, il m'adresse ces mots, que j'écoute en palpitant :

« Tu as manqué à un matelot, qui est plus que toi, et ce n'est pas bien ; mais tu ne l'as pas *manqué*, et je te le pardonne, pour la première fois ; si ça t'arrive encore, ce sera une autre affaire. En attendant, je te grade, par ordre du second, *capitaine des mousses*, et le premier qui bougera, tappe dessus, c'est la consigne. »

Un petit sifflet me fut attaché à la ceinture, comme celui dont maître

Philippe était décoré, et qu'il portait assez souvent de sa bouche corrodée de tabac, dans les côtes des matelots raisonneurs ou paresseux.

Me voilà donc *capitaine des mousses*, après quelques jours de mer, cherchant de mon mieux à imiter l'allure de maître Philippe, qui ne se lassait pas de répéter en me regardant faire : C'est singulier ! quand je *je le vois marcher, c'est comme qui dirait ma miniature en personne.*

Le corsaire, pendant la grotesque cérémonie de mon installation, avait fait de la voile; il courait dans la direction que j'avais assez vaguement indiquée. Bientôt on aperçut de dessus le pont le bâtiment chassé. C'est *une lettre de marque*, disaient les uns; c'est un *gros ship* qui court comme nous, disaient les autres. Tant mieux, fredonnait maître Philippe, sur l'air de *Cœurs sensibles, cœurs fidèles*, et en se donnant des grâces :

» Tant plus grosse est une prise,
» Comm' tant plus gras est le lard,
» Et tant plus forte est la part,
» Et tant plus forte est la part. »

Dès que le capitaine jugea que nous gagnions le navire aperçu, il ordonna le branle-bas général de combat.

A ce commandement, tout le monde se trouva, comme par enchantement, à son poste. Le capitaine d'armes distribua les pistolets, les haches d'abordage et les poignards. Les mèches allumées furent piquées dans le pont, près des caronades, chargées jusqu'à la gueule. Les grappins d'abordage montèrent avec leurs lourdes chaînes au haut des vergues. La joie brillait dans les yeux épanouis des matelots. Le capitaine seul paraissait hésiter un peu à s'approcher du navire sur lequel il tenait sa longue-vue braquée. Un groupe de lieutenans et de capitaines de prise, placé derrière, semblait, en chuchotant, critiquer la manœuvre prudente que nous faisions. Arnaudault, ayant consulté son second, se décida pourtant à faire hisser le pavillon anglais à la corne, pour tromper l'ennemi qui, de son côté, arbora la même couleur. *Silence!* s'écria le capitaine à cette vue : *Tout le monde à plat sur le pont!* Nous n'étions plus qu'à une portée de pistolet du navire : alors sautant sur le bastingage, Arnaudault crie au capitaine anglais, dans un large porte-voix, d'où sa voix sort comme un coup de canon : *Amène, brigand! ou je te coule!* Au même instant nos sabords, que nous avions masqués avec une ceinture de toile peinte, se découvrent : nos cent cinquante bandits, couchés à plat ventre, se dressent le poignard à la bouche, le pistolet au poing. Notre volée part en même temps que celle de l'ennemi, qui laisse arriver à plat, enveloppé comme nous dans un nuage de feu et de fumée. *A l'abordage, à l'a-*

bordage, enfans! hurle notre capitaine; et une escouade de matelots saute sur l'avant, pour remplacer la première escouade, qui se disposait, une minute auparavant, à grimper à bord de l'ennemi, et que la mitraille a déjà balayée. Dans un instant les nôtres tombent à bord de la prise, courant le long de notre beaupré, ou se laissant glisser sur le pont de l'anglais, du bout des manœuvres amarrées à l'extrémité de nos vergues croisées avec celles du navire abordé. Le sang coule sous les poignards, ruisselle dans les dallots et va rougir les bords du navire. Malgré le carnage que nous faisions à bord de la prise, son pavillon n'était pas amené. *Allons, Fil-à-*

Voile, me dit Arnaudault, et il me montrait le yacht (1) anglais. Je comprends la pensée du capitaine : je saute à bord de l'ennemi comme un écureuil ; quelques balles sifflent à mes oreilles, je secoue la tête, et me voilà au bout de la drisse, crochant le pavillon anglais, dont je m'enveloppe pour revenir à bord. La prise était à nous. Un triple hourra, poussé vers le ciel par tout notre équipage couvert de poudre et de chairs ensanglantées, fut le *Te Deum* de notre victoire.

Ce n'est pas sans pertes que deux équipages se hachent pendant une de-

---

(1) C'est le nom que les matelots français donnent au pavillon anglais.

mi-heure ou trois quarts d'heure d'abordage. Vingt-trois hommes avaient péri de notre côté. Le pont du navire capturé était couvert de cadavres. C'était un trois-mâts armé en guerre et en marchandises, qui se rendait de Calcutta à Londres, chargé d'indigo et de salpêtre.

Cinq barils de piastres avaient été trouvés dans la chambre du capitaine anglais. On les plaça sur notre gaillard d'arrière, comme le trophée de notre triomphe.

Assis sur un de ces barils, les bras croisés sur sa poitrine velue et à moitié découverte, Arnaudault nous adressa ces mots, en daignant à peine lever les yeux sur l'équipage qui l'entourait :

« Enfans, vous vous êtes amoureusement tappés : c'est bien, mais ce n'est pas encore tout. Voilà des piastres qui sont à nous, et chacun va recevoir sa ration d'argent. Mais il faut auparavant jeter nos morts à la mer; car c'est à ceux de nos gens qui se sont fait casser la figure que nous devons tout cela. Attrape à jeter les trépassés par-dessus le bord, avec les honneurs de la guerre. »

Des murmures se firent entendre parmi les matelots, dont les yeux flamboyans restaient fixés sur les barils.

« Eh bien! dit Arnaudault, est-ce

qu'il y aurait des mutins à mon bord? Au surplus, s'il y en a, ils n'ont pas besoin de tant se gêner avec moi. Que celui qui n'est pas le plus content s'avance, et peut-être trouverons-nous moyen de lui faire sa petite affaire. » Et, en prononçant cette dernière phrase, la main droite du capitaine avait déjà fait claquer le chien d'un pistolet d'arçon. Personne ne répliqua, et ces corsaires, qui, quelques minutes auparavant, allaient se faire tuer de si bon cœur, reculèrent devant la froide menace d'un seul homme. Mais quel homme!

Pour remplir les ordres du capitaine, les novices se mirent à *fauberder* le pont encore tout marbré de sang. On prit ensuite les morts un à un. Le maître charpentier, le chapeau bas, faisait semblant de lire, dans un vieux livre qui ne ressemblait pas mal à un *Cinq Codes*, la prière des morts, pour chacun des cadavres que l'on faisait glisser à la mer sur une longue planche. Un officier, tué dans le combat, fut empaqueté, par distinction pour son grade, dans un pavillon tricolore. On le jeta par-dessus le bord, après lui avoir amarré un boulet de 12 aux pieds, et après avoir fourré des pierres à lest dans ses vêtemens. « Ménagez ces cailloux, dit le second à ceux qui en garnissaient l'emballage des morts : *il faut en garder pour tout le monde.* »

Cette prévoyance ne devait pas lui être inutile. Quatre jours après il fut jeté lui-même à la mer, et les pierres à lest ne lui manquèrent pas.

Cette prompte inhumation faite, on nous donna double ration. Un canonnier, dont le bras avait été enlevé par un boulet, voulut, avant d'être amputé, recevoir sa part d'eau-de-vie, pour ne pas perdre, disait-il, ses droits après avoir perdu une partie de son individu.

« Maintenant, à nous, cria Arnaudault. Tout l'équipage à l'ordre ! et aux piastres ! L'écrivain va lire le nombre de parts de chacun : la part des morts sera mise de côté pour leur famille, s'ils en ont, et après avoir défoncé et compté les barils un à un, chacun touchera son compte. Philippe, fais faire silence. » Le sifflet du maître fit entendre ses sons aigus au milieu du tumulte : tout le monde se tut, et l'écrivain, au sein du plus grand recueillement, commença l'appel de nos hommes. A chacun des noms des matelots tués, l'équipage interrompait l'écrivain, pour répondre, presque en riant : *Passé du bord du diable !*

Les piastres sorties de chaque baril furent comptées et partagées scrupuleusement. Le capitaine, avec ses douze parts, était assis sur un monceau de pièces d'argent. Quand vint mon tour (c'était le dernier) on me compta la demi-part qui me revenait en qualité de mousse. « Tiens, *Fil-à-Voile*, me dit le capitaine en me jetant une large poignée d'argent à la tête : *tu t'es bien patiné, j'augmente ta ration.* » La répartition faite, les matelots se mirent à jouer leur butin aux dés; on s'achetait la ration de vin et d'eau-de-vie; chaque quart de vin se vendait dix, vingt francs; chaque boujaron d'eau-de-vie, autant.

La nuit, nous éprouvâmes un coup de vent, en cape sous le grand hunier. Nos prisonniers anglais se promenaient pêle-mêle avec nous sur le pont, l'air abattu, l'œil morne; ils étaient nombreux, mais on ne les craignait pas; car leur stupéfaction était au moins égale à l'insouciance des corsaires. A leur place, des matelots français ne seraient pas restés prisonniers deux heures, sans chercher à enlever le navire.

Le soir même du jour qui suivit notre combat avec le trois-mâts anglais, nos matelots, pendant le coup de vent, étaient assis à l'abri des pavois, avec autant de tranquillité que s'ils s'étaient trouvés au cabaret. Les uns, blessés dans l'affaire, se traînant sur le pont, la jambe entortillée de linge ou le bras en écharpe, chantaient ces complaintes de gaillard-d'avant, rauques comme le bruit des flots, monotones comme le mugissement des raffales qui hurlaient dans la mâture et le gréement; les autres racontaient ces contes dont les marins de quart bercent leur ennui, pendant leurs longues heures de veille. Enfant comme je l'étais alors, je me plaisais à entendre ces vieilles histoires de la mer, tout empreintes du caractère de leurs auteurs et de leur bizarre imagination. C'est par l'effet qu'elles produisaient, pour la première fois, sur moi, que je les juge aujourd'hui. Pour un vieux marin, les mœurs des hommes de mer n'ont plus rien d'étrange; mais pour un passager, par exemple, elles offrent quelque chose d'original et de neuf, que, jusqu'ici, aucun écrivain n'a su bien rendre. C'est en rappelant ici la première impression que me firent éprouver les usages du bord, que j'essaierai de retracer, de temps à autre, ces habitudes étranges. Rien ne m'étonna plus, entr'autres choses, que la manière dont les matelots relevaient le quart.

La moitié de l'équipage est toujours de garde sur le pont ; c'est ce qu'on nomme courir *la grande bordée*. Deux matelots n'ont qu'un hamac, et lorsque l'un d'eux est couché, celui avec lequel il est *amateloté*, et qu'il nomme spécialement son *matelot*, se promène sur le pont. Les quarts se relèvent de midi à six heures, de six heures à minuit, de minuit à quatre heures du matin, de quatre heures à huit, et de huit heures enfin au midi du jour.

suivant. La cloche tinte chaque demi-heure, et un sablier de trente minutes, fixé dans l'habitacle, et surveillé par le pilotin ou les timonniers, indique le moment où les hommes placés devant doivent *piquer* l'heure, en frappant le marteau sur le rebord intérieur de la cloche. Cet amatelotage des marins entr'eux, cette camaraderie de hamac, établissent une espèce de solidarité de personnes et une communauté d'intérêts et de biens entre chaque homme et son matelot.

Quand un marin monte au quart pour relever son *matelot*, celui-ci lui passe la capote sous laquelle il a veillé, et le chapeau de toile goudronnée qui a abrité sa tête pendant la durée de son service sur le pont; il n'est pas jusqu'au tabac qu'il a commencé à mâcher, qui ne passe, pour être pressuré entièrement, dans la bouche du *matelot* qui prend le quart. Rien n'est plus étrange que d'entendre, à chaque relèvement de bordée, les plaintes de celui qui s'habille, contre celui qui va se coucher, et qui toujours est accusé d'être un *mauvais chiqueur*. Souvent on s'en rapporte au jugement du maître de quart, pour qu'il s'assure, en pressurant lui-même la chique litigieuse, de la manière abusive dont le *matelot* du plaignant, a *suppé* le tabac mis en commun. Ces détails souléveront le cœur des hommes délicats et des petites maîtresses; mais ils sont vrais et ils doivent être connus.

Les contes des gens de mer roulent ordinairement sur des aventures gigantesques, sur des coups de main hardis, des privations : le narrateur entremêle à ces antiques fables du bord, des plaisanteries qui lui sont propres et des mots d'un cynisme à part, et qui étincellent souvent d'esprit, mais de cet esprit qui ne peut être senti que par ceux qui connaissent les habitudes de la profession. La peinture des douceurs de la vie n'occupe qu'une place très-circonscrite dans ces récits : c'est à *l'abri d'une bonne bouteille de vin et mouillés à quatre amarres* dans un cabaret que ces hommes placent la félicité suprême; une auberge est le théâtre de leurs illusions, le palais de leurs féeries : c'est pour eux enfin le paradis terrestre. Ils ne s'en figurent pas d'autre, parce que leur imagination ne peut guère aller au delà des plaisirs qui leur sont propres.

Le conteur commence ordinairement sa narration, en criant *cric!* Les auditeurs répondent *crac !* Et l'orateur reprend : *un tonnerre dans ton lit ; une jeune fille dans mon hamac!* Formule qui, sous un emblème philosophique, signifie peut-être dans leur pensée, qu'un hamac peut être l'asile du bonheur qu'on ne trouve pas toujours à terre, dans un bon lit.

Les histoires des matelots me ravisaient : un joli petit novice, que le capitaine d'armes du corsaire avait embarqué à bord, se plaisait, malgré les représentations de son protecteur, à se mettre à coté de moi, pendant que l'on disait des contes. La voix douce du novice, ses mains blanches et délicates, m'avaient fait supposer déjà qu'il pouvait y avoir quelque chose d'extraordinaire dans son séjour à bord. Amateloté avec le capitaine d'armes, il faisait rarement son quart, et son protecteur obtenait facilement du maître d'équipage l'indulgence qui lui était nécessaire pour faire pardonner au protégé cet oubli de la règle commune du bord. Un matin, où les grands yeux noirs de petit

Jacques se réveillaient avec le jour, je lui demandai, avec toute la naïveté de mon âge :

« Dis-moi donc, petit Jacques, pourquoi je ne t'ai pas vu sur le pont quand nous avons abordé le trois-mâts ?

— Ah! c'est que le capitaine d'armes m'avait placé à la soute aux poudres.

— Tu avais donc peur?

— Je n'étais pas trop rassuré. »

Mon intention étant d'engager, avec petit Jacques, une conversation dans laquelle l'emploi de quelques mots familiers aux femmes, pût trahir un déguisement que je soupçonnais, je continuai ainsi :

« Est-ce que tu serais aussi peu brave que tu m'as semblé fainéant ?

— Pour brave, je ne me vante pas de l'être ; mais *fainéante*...

— Ah ! je t'y prends encore une fois : tu as dit *fainéante !*

— Non, j'ai dit *fainéant !*

Comme tu rougis !..... Pourquoi donc te trompes-tu toujours ainsi, et parles-tu comme si tu étais une petite fille !.... L'autre jour encore, quand nous parlions ensemble de je ne me rappelle pas quoi, il t'est échappé de me répondre : *non, je ne la suis pas !*

— Eh bien ! qu'est-ce que cela prouve ? me dit mon interlocuteur, tout décontenancé.

— Cela prouve que tu n'es pas un garçon !

— Enfant que tu es ! Quelle idée !...

— Je te parie que tu es une femme, et je m'en rapporte à maître Philippe qui vient, et à qui j'ai dit déjà....

— Au nom du ciel, tais-toi, malheureux.... Si tu savais combien je souffre...? Tu viens de découvrir un stratagème qui, s'il était connu, m'exposerait à devenir la risée de tous ces hommes qui me font peur... Je suis... je suis la femme du capitaine d'armes... Pour le suivre, il a fallu me faire passer pour son parent, pour son cousin. Que sais-je, moi !.. Tu sauras tout; mais tu me promets bien de ne pas trahir la confiance que j'ai mise en toi ? Tu m'as toujours paru mieux élevé que ces matelots, au milieu desquels je vis pour mon malheur. Tu te tairas, n'est-ce pas, mon ami?... Tu ne voudras pas me perdre tout-à-fait?... »

Des larmes apparemment roulaient dans mes yeux comme dans les siens, car elle passa doucement sur ma figure, la main dont elle venait de se presser les paupières. Je promis tout. Mais petit Jacques me recommanda bien d'éviter les conversations que nous avions ensemble, et qui avaient commencé à piquer la jalousie de *son mari*. Je me rappelai, en effet, que le capitaine d'armes m'avait souvent menacé de me donner quelques tappes, pour me punir des torts que j'étais bien en peine de deviner. Les aveux de petit Jacques venaient de m'expliquer la haine du capitaine d'armes pour moi. Je compris la nécessité d'être prudent pour mon petit camarade et pour moi.

2.

LA CROISIÈRE.

Acalmie. — Combats. — Amours. — Le capitaine Bon-Bord. — Le matelot Ivon. — Histoire de petit Jacques. — Prise d'un navire anglais. — Son explosion. — Tisozon. — L'île de Bas.

Après avoir essuyé quelques heures de cape, reçu plusieurs coups de mer, nous éprouvâmes ce qu'on appelle une *acalmie*, un de ces momens de transition entre la tempête qui expire et le beau temps qui veut revenir. Pendant la violence de la bourrasque, un brick, fuyant vent arrière à mâts et à cordes, au risque de s'engloutir sous chacune des lames qui le poursuivaient, avait passé près de nous, enveloppé dans le nuage de molécules d'eau que l'effort du vent faisait voler comme de la fumée sur les lames blanchissantes; mais la fureur de la tempête nous avait empêchés de tomber sur cette proie qui nous avait échappé dans le désordre des élémens.

Il n'est peut-être pas de position plus pénible à la mer, que celle dans laquelle on se trouve à la suite d'un coup de vent, lorsque le bâtiment n'étant plus couché par la force de la brise irritée, se voit assailli par de grosses lames qui, se heurtant avec lourdeur, semblent se le disputer comme pour le démolir dans leur choc. Tout se brise, tout craque à bord, et les pièces dont le navire est composé, et les objets d'arrimage qui jouent avec effort. Le gréement fatigue, se détord et se rompt ; la mâture reçoit, dans le roulis et le tangage, des secousses horribles qui ébranlent la coque. Le navire, fatigué dans toutes ses parties, devient pour ainsi dire l'objet de la fureur dernière des flots harassés par la tourmente. Il faut qu'une brise s'élève sur le sommet des vagues pour les niveler et rendre à la mer, encore si violemment émue, ce mouvement uniforme qu'a détruit le délire de la tempête.

Un joli frais de Nord-Est ne tarda pas à se faire sentir et à nous permettre de manœuvrer et de *faire de la toile*. Rien ne peut peindre peut-être le bonheur que répand au milieu de l'équipage, un beau jour succédant à une nuit de mauvais temps et de fatigues. C'est une des plus douces joies des hommes de mer, que de revoir un ciel serein sortant du sein de la tempête qui fuit en grondant et comme irritée d'avoir manqué sa proie.

Nous nous trouvions près des Açores. Le point du capitaine nous indiquait le voisinage de ce petit archipel. La quantité de goëlands et de mauves qui voltigeaient autour de nous, et les nuages qui paraissaient s'amonceler comme pour aller couvrir au loin la terre, auraient suffi, à défaut d'autres indices plus sûrs, pour nous signaler l'approche des parages où nous voulions établir notre croisière. Nous espérions faire, dans ces latitudes, quelques bonnes rencontres. Nous crûmes bientôt avoir trouvé ce que nous cherchions.

Vers le milieu de la journée qui avait suivi notre coup de vent, les hommes placés en vigie au haut des mâts crièrent, *Navire!*

— Où? demanda le capitaine.

— Sous le vent à nous! répondirent les vigies.

Ces mots firent succéder le calme le plus profond au tumulte des conversations particulières, qui vont toujours grand train à bord des navires aussi mal tenus que le sont, en général, les corsaires.

Arnaudault mit, sans rien dire, sa longue-vue en bandoulière, et grimpa sur les barres du grand perroquet, pour observer le bâtiment signalé. C'était la première fois, depuis notre sortie, qu'on l'avait vu monter dans les haubans ; et, sans trop savoir encore pourquoi, l'équipage pensa que la circonstance était solennelle.

Toute l'attention était portée sur les mouvemens du capitaine.

En descendant des barres de perroquet, on remarqua que l'expression de sa physionomie était sévère. Le capitaine avait *l'œil américain*, comme disent les matelots ; et le tact sûr, comme chacun le savait.

« Le navire aperçu est gros, si je ne me trompe, dit-il à ses officiers. Il a un entre-deux-de-mâts qui semble m'annoncer que ce doit être un marchand de boulets, et qu'il pourrait bien lui pousser une rangée de dents. »

Les officiers qui, comme le capitaine, avaient observé le navire que nous approchions en laissant courir un peu largue, pensaient que ce ne pouvait être qu'un grand trois-mâts marchand, ou peut-être bien un navire de la Compagnie des Indes. Lorsqu'on court les chances périlleuses de la fortune sur mer, on tourne presque toujours les circonstances les plus douteuses, dans le sens des conjectures les plus favorables aux désirs que l'on forme.

Le second du corsaire était d'une joie folle; il insistait, plus que tous les autres, pour qu'on approchât le navire, et pour qu'on *lui tâtât un peu les côtes* : c'était son expression. Arnaudault prit la parole, de manière à être entendu de tout le monde :

« Il me semble qu'il ne s'agit pas ici

de se mettre dedans, par fanfaronnade; chacun est à bord pour sa part et pour sa peau. Je dirai mon idée :

» Je veux bien, si tel est votre avis, *tâter les côtes* de ce navire; mais s'il les a trop dures.

LE SECOND.

Nous avons à bord des boulets qui seront encore plus durs?

LE CAPITAINE.

Mais, s'il a plus de canons que nous?

LE SECOND.

Nous jouerons des jambes.

LE CAPITAINE.

Et s'il a les jambes plus longues que les nôtres ?

LE SECOND.

Il nous coulera, et nous irons au fond; c'est notre métier. D'ailleurs, capitaine, vous savez bien que vous n'étiez pas d'avis d'accoster ce trois-mâts que nous avons pourtant si souplement enlevé....

LE CAPITAINE, *d'un air ironique.*

Ah! ah! oui, ce trois-mâts, n'est-ce pas? oh! je me le rappelle parfaitement. C'est vrai, je ne voulais pas l'aborder; c'est que ce jour-là j'avais peut-être peur... qui sait?

LE SECOND.

Capitaine, je ne dis pas cela pour vous offenser, bien loin de là; mais c'est pour le bien de tous que je parle....

LE CAPITAINE, *s'adressant à l'équipage.*

Enfans, voyons : êtes-vous d'avis d'accoster le trois-mâts qui court sous le vent à nous? oui ou non ?

Oui, oui, *cap'taine*, s'écrièrent tous les matelots déjà irrités de l'hésitation que cette discussion leur avait fait remarquer chez le capitaine.

LE CAPITAINE.

C'est bien votre idée à tous, n'est-ce pas ?

L'ÉQUIPAGE.

Oui, oui, cap'taine, c'est notre idée ! ! !

LE CAPITAINE.

Eh bien! ce n'est pas la mienne; mais c'est égal. Voyons, mes fils, chacun à son poste, et le premier gredin qui bouge, je lui fais sauter la tête. Attention, timonnier, la barre au vent: *brasse tribord devant* et *babord derrière;* file l'écoute du gui et cargue le point de grand'voile au vent. Branle-bas général de combat! »

Cet ordre du capitaine fut reçu avec transport. Les matelots jetèrent en l'air leurs bonnets rouges en signe d'approbation unanime.

Et voilà le *Sans-Façon* courant grand largue sur le bâtiment qui nous présentait le travers en cinglant sous toutes voiles au plus près du vent.

La mer, encore un peu agitée, nous le cachait de temps à autre, sous la masse mobile des grosses lames qui s'élevaient entre lui et nous.

A bord d'un corsaire, les dispositions pour le combat sont bientôt faites. Chacun y met du sien le plus qu'il peut. Nous n'avions jeté qu'une vingtaine d'hommes à bord de notre prise, et cent et quelques bons gaillards bien déterminés se pressaient encore sur le pont du *Sans-Façon*. Dès que le *branle-bas* de combat fut fait, le second vint l'annoncer en ces termes : *Capitaine, tout est paré à bord !* Arnaudault ne lui répondit que par un regard sévère, et en lui faisant signe de s'en retourner à son poste : le second se plaça sur le gaillard d'avant, un porte-voix à la main, disposé à répéter les ordres de son chef. On aurait entendu voler une mouche à notre bord, tant le silence était profond dans ce moment d'attente et de curiosité.

Nous filions huit à neuf nœuds, courant toujours sur le navire en vue. Dès que nous l'eûmes approché de manière à découvrir son bois, que nous cachait auparavant la courbure de la mer, il hissa un pavillon américain..... Ce n'était pas un ennemi ! La consternation se peignit sur tous les visages..... « Quel dommage ! s'écriait-on, il a des balles de coton dans ses porte-haubans : quelle belle prise ça nous aurait fait !... » Le capitaine, pour répondre au signal du bâtiment ami, ordonna de hisser notre pavillon tricolore. A peine avions-nous arboré cette couleur, que la bannière américaine qui flottait sur le navire chassé, fut amenée et qu'un large pavillon anglais s'éleva sur le couronnement de notre adversaire. Un cri de joie se fit entendre à notre bord. *C'est un Anglais! c'est un Anglais!* se disait-on du gaillard d'avant au gaillard d'arrière. « Un instant, dit Arnauldault: il a hissé pavillon anglais; il faut lui répondre dignement : frappez-moi à la drisse du pic le *pavillon rouge!* Et pourquoi? demanda le second. Pour apprendre à ceux qui m'ont pris pour un Jeanfesse que je n'amène jamais, quand on m'a mis dans la nécessité de recommencer à faire mes preuves. « Ces paroles furent prononcées avec une effrayante impression de physionomie, qui n'échappa à personne. Le second s'en retourna encore une fois à son poste, n'osant plus hasarder d'observations. Nous n'étions plus qu'à une portée de canon du navire.

Chaque lame sur laquelle bondissait notre corsaire, nous rapprochait du bâtiment sur lequel tous les yeux se tenaient fixés. Un coup de canon, parti de ses gaillards, fut le signal d'une manœuvre à laquelle nous ne nous attendions pas. Les balles de coton que nous distinguions dans ses porte-haubans tombèrent à la mer; une large toile, peinte en jaune, étendue sur sa batterie, disparut, et nous laissa voir une filée de canons sortant de ses flancs larges et élongés. C'était la rangée de dents que nous avait promise Arnaudault. Il n'y avait plus à en douter: c'était une frégate! La stupéfaction se peignit sur tous les traits des hommes les plus impassibles.

Le capitaine qui, quelques minutes auparavant, avait un air inquiet en observant le navire que nous chassions, prit une physionomie calme du moment où il vit décidément à qui nous avions affaire. On eût dit qu'il ne s'agissait pour lui que de parler amicalement à un bâtiment que nous aurions rencontré en mer. Il demanda à l'un de ses fils son porte-voix de combat, et un cigarre qu'il alluma avec une tranquillité que lui seul avait à bord dans ce moment de péril et d'anxiété.

« C'est maintenant qu'il faut en découdre, mes amis, dit-il en s'adressant à l'équipage. Vous avez eu la vue un peu basse, vous l'aurez un peu meilleure en tappant sur ce chien d'Anglais. Parez-vous à faire feu à mon commandement. »

Le second, à ce mot d'avertissement, vint tout étonné, lui demander : Mais, y pensez-vous, capitaine ? c'est une frégate ! — Tiens, cet autre ! répondit Arnaudault, il commence à voir maintenant que c'est une frégate, comme si je ne l'en avais pas prévenu il y a plus de trois heures de temps ! *Feu babord !*

Une détonation terrible ébranla tout le corsaire ; le pont frémissant sembla crouler sous nos pieds tremblans. La fumée qui sortit de nos flancs, avec la foudre que nous lancions, nous cacha pendant quelques secondes la frégate sur laquelle nous venions de lâcher en grand toute notre volée. Un calme de mort succéda à ce fracas. C'était à la frégate de riposter : elle ne nous fit pas long-temps attendre sa réponse.

Maître Philippe, une demi-minute

avant que l'ennemi ne nous ripostât; fit entendre, perché sur le bossoir du vent, un long et lugubre coup de sifflet de silence.... Personne ne bougeait; les têtes étaient hautes et assurées; toutes les bouches muettes et serrées. Arnaudault, les bras croisés et le porte-voix entre les jambes, se tenait assis sur le bastingage d'avant fumant tranquillement son cigarre, et jetant avec indifférence un coup-d'œil sur les caronades de bas-bord, que les canonniers venaient de charger en quelques secondes.

Tout à coup un bruit de tonnerre nous étourdit: toute la volée de la frégate venait de jaillir avec l'éclat et la vivacité de l'éclair. Nous lui répondons en lui envoyant notre seconde bordée. Mais les boulets et la mitraille qui venaient de traverser notre coque, notre gréement et notre mâture avec un horrible sifflement, avaient fait tomber sur nous une multitude de débris de poulies, d'esparres et de bout de cordage. *Ce n'est encore rien*, nous criait Arnaudault; *courage, enfans! Feu babord! feu!* Nous faisions feu de notre mieux, mais la frégate qui courait la même bordée que nous, et que nous approchions encore, nous couvrait à chaque décharge, de flamme, de mitraille et de fumée. La mousqueterie qui pétillait déjà de dessus ses passavents, commençait à nous atteindre et à remplir l'intervalle que les bordées laissaient entr'elles.

Dans la violence du combat, le second vint de l'avant à l'arrière, prévenir Arnaudault qu'un boulet avait entamé notre petit mât de hune.

— Je m'en f..s, répondit Arnaudault ; et vous ?

— Et moi, capitaine, je m'en contref..s, reprit le second en regagnant son poste. Ce fut la dernière preuve d'impassibilité que donna ce malheureux.

Cet officier, qui, avec les autres personnes de l'état-major, avait à se reprocher l'imprudence qu'il avait intéressé le courage du capitaine à commettre, commençait à exprimer tout haut la nécessité où nous étions de virer de bord pour échapper à la frégate qui cherchait, en pointant bas, à nous couler à fond. Déjà l'équipage murmurait contre l'obstination du capitaine. *Virons de bord! virons de bord!* criait-on de devant à Arnaudault; mais celui-ci ne répondait à ces conseils, qu'en descendant de son bastingage pour parcourir la batterie, et menacer de faire sauter la cervelle au premier chef de pièce qui ralentirait le feu. Un des boulets de la frégate, pointé sur le gaillard d'avant, enleva du bossoir le brave Philippe et un des fils du capitaine, placé à côté du maître d'équipage. Le spectacle de ces deux infortunés tombant à l'eau, coupés en deux du même coup, n'arracha aucune marque de douleur à Arnaudault; mais ses lèvres contractées mâchaient plus violemment le bout de cigarre qu'il tenait encore entre les dents. Un regard terrible qu'il lança à la dérobée, sur le second, indiqua seul tout ce que souffrait son âme impétueuse et son cœur de père.

Notre position, sous la batterie sans cesse tonnante de la frégate, n'était plus tenable. A chaque décharge de l'ennemi, cinq à six de nos hommes tombaient sur notre pont déjà encombré de morts et de blessés. Le découragement commençait à s'emparer de notre équipage, qui voyait et l'imprudence et l'inutilité de notre résistance. « C'est le second, murmurait-on, qui a forcé le capitaine a accoster cette frégate. Il est temps de virer de bord. Capitaine, virons de bord ! »

L'infortuné second, objet des récriminations presque unanimes, se décida à expier sa faute et à aller demander lui-même au capitaine à prendre chasse pour fuir l'ennemi. Il s'avance derrière (je me rappelle encore son attitude pénible); mais, ne voulant pas avoir l'air de supplier celui dont il voulait cependant obtenir un pardon, il eut l'air de conseiller seulement à Arnaudault la manœuvre qu'il croyait convenable d'exécuter pour sauver le corsaire. Il se trompait encore en croyant avoir affaire à un homme qui pourrait se contenter du demi-aveu d'une erreur. On rendrait difficilement le ton avec lequel le capitaine reçut ce pauvre diable.

— Quand je vous aurai fait tuer avec la moitié de l'équipage, qui a écouté vos crâneries plutôt que ma prudence, je ferai ce que bon me semblera, et je revirerai de bord, si cela me convient; mais jusque là, *tâteur de côtes dures*, croyez-moi, restez à votre poste et gardez-vous bien de passer encore derrière pour me donner des avis que je ne vous demande pas.

Le second ne sut qu'obéir à l'ordre impérieux de son chef. Mais en se rendant sur l'avant, il put remarquer l'irritation que sa présence excitait dans tout l'équipage. Des interpellations violentes accueillent cet officier, dans lequel chacun voyait la cause de la perte probable du corsaire. *A bas le second!* s'écriait-on de toutes parts. *Virons de bord! virons de bord!* Pressé par cette situation, qui devenait intolérable pour lui, il se rend encore auprès du capitaine pour vaincre son inflexibilité. Mais cette fois-là l'infortuné second avait perdu son ton d'assurance : ce n'était plus qu'un suppliant qui s'offrait comme une victime expiatoire, à celui dont pouvait encore dépendre le salut commun.

— Je vous avais défendu de passer

derrière, lui dit Arnaudault, et vous voilà encore! Est-ce un nouveau conseil que vous avez à me donner?

— Non, capitaine, c'est une prière que j'ai à vous faire.

— Et laquelle?

— Je vous supplie de virer de bord.

Le capitaine, après avoir fait quelques pas sur le gaillard, revient vers le second:

— Virer de bord, et c'est vous qui me suppliez?... Eh bien oui, je consens à virer, mais à une condition...

— Laquelle, capitaine? je suis prêt à tout faire pour sauver le corsaire et l'équipage.

— C'est à condition que vous me crierez devant, au porte-voix: *Capi-*

taine, *virons de bord ! j'en ai assez !*

— J'aime mieux me faire tuer, capitaine, que de consentir à cette honte, répondit le second.

— Comme il vous plaira, répond le capitaine, je ne veux forcer le goût de personne. Et il reprend avec calme sa place accoutumée sur le bastingage.

Les témoins de cette scène si vive, à laquelle le danger de notre position donnait un caractère terrible, repoussèrent par des cris de rage le second, qui revenait désespéré prendre son poste. Il fallut enfin qu'il se soumît à la volonté inexorable du capitaine. Il s'immola. Placé sur le bossoir où maître Philippe et l'un des fils d'Arnaudault avaient été tués, il élève son porte-voix et se dispose à faire au capitaine l'amende honorable qu'il exigeait. Mais à peine avait-il prononcé dans le porte-voix, ces mots qui lui coûtaient tant : *Capitaine, j'en ai assez!* qu'un paquet de mitraille lui enleva, en ronflant avec fracas, le sommet de la tête. Au mouvement que fit Arnaudault à ce spectacle horrible, on aurait dit qu'il attendait la mort du second pour se décider. Apaisé par cet événement, qu'il croyait peut-être lui être dû comme une justice providentielle, il n'hésita plus à commander de virer de bord. Mais, toujours lui-même, mais toujours froid, malgré l'imminence du péril, il nous fit entendre l'ordre de *pare-à-virer* avec cette assurance dédaigneuse que nous respections en lui. Personne, comme on doit le penser, ne fit attendre sa coopération, pour exécuter la manœuvre ordonnée. Au commandement d'*adieu-vat*, le corsaire, aidé par le mouvement de la barre poussée sous le vent, se rangea au vent en faisant battre en ralingue toutes ses voiles criblées de boulets et de balles; mais par l'effet de cette prompte évolution, il présenta sa poupe au travers de l'ennemi qui, profitant d'une telle position, nous enfila de l'arrière à l'avant, de toute sa volée de tribord. Cette volée, reçue quand nous combattions encore presque côte à côte avec la frégate, sans espoir de salut, nous aurait consternés ; mais essuyée en fuyant, elle ne fit seulement pas baisser la tête anx moins intrépides de nos gens. Nous étions à peu près sûrs de nous tirer d'affaire ; les périls ne nous paraissaient plus rien, tant les marins sont loin de se livrer au désespoir, pour peu qu'ils entrevoient un seul moyen de salut. Le plus près du vent était la marche du corsaire, qui revirait de bord avec la vélocité et la promptitude d'un lougre. Forcée d'envoyer vent-devant comme nous, pour nous poursuivre d'aussi près que possible, la frégate, reversant ses voiles moins vite que notre brick, perdait aussi beaucoup plus que nous, dans chacune de ces évolutions rapides que notre capitaine nous faisait répéter à peu près toutes les dix ou quinze minutes. En courant ainsi de petites bordées contre la direction du vent, nous parvînmes bientôt à nous mettre hors de la portée des canons que l'ennemi faisait toujours ronfler sur notre brick. Mais à chaque revirement de bord, une volée nous était lancée impitoyablement, au moment où nous présentions notre arrière à la frégate. Notre manœuvre fut si prompte, si bien entendue, et la brise nous favorisa tellement, qu'en deux heures de temps nous réussîmes enfin à nous éloigner assez de notre formidable adversaire, pour n'avoir plus à redouter ses coups. La nuit, avec ses gros nuages et sa favorable obscurité, vint nous dérober au danger d'une poursuite obstinée. Tous les feux furent cachés soigneusement à notre bord, pour ne pas offrir à notre inexorable ennemi l'indice de notre position et la trace de la fausse route que nous suivions dans l'ombre pour échapper entièrement à la chasse qu'il nous donnait encore. Qu'on se représente une centaine de matelots, marchant pour manœuvrer dans les ténèbres, sur les cadavres, et au milieu du sang qui couvrait notre pont, et on n'aura encore qu'une faible idée de notre situation, quelques heures après le combat que nous venions de livrer à la frégate anglaise.

La nuit fut employée à réparer, tant bien que mal, les avaries que le feu de l'ennemi nous avait fait éprouver. Pour prévenir les effets de la joie que le bonheur d'être échappés à notre perte, aurait causée à nos hommes, les officiers répandirent sur le pont, l'eau-de-vie mêlée de poudre, que, pendant l'action, on avait distribuée à l'équipage, pour l'animer au combat. Les matelots, que l'ivresse, puisée dans ce breuvage brûlant, avait rendus furieux, voulurent s'emparer, de vive force, de la cambuse où étaient placées nos provisions liquides. Il fallut encore défendre cette partie du navire, contre leur délire; et ce ne fut qu'après un long combat entre nous, que les plus ivrognes s'endormirent couchés côte à côte avec les morts que nous n'avions pas eu le temps de jeter à la mer. Les marins les moins ivres travaillaient à repasser un petit mât de hune, à la place de celui qu'un boulet avait endommagé pendant l'action.

L'entrevue du capitaine avec celui de ses fils que la mort avait épargné, fut courte, mais affreuse. Ce jeune homme, après le combat, vint embrasser son père, qui le premier prit la parole pour lui dire seulement ces mots : « Ton frère s'est fait tuer comme je l'entendais. »

— Oui, il est mort bravement, répondit le jeune homme en sanglottant et en retenant les larmes qui lui remplissaient les yeux.

— Aurais-tu mieux aimé que ce fût moi ?

— Oh ! non, mon père... Mais c'était mon frère, c'était le seul....

— Eh bien ! pourquoi pleurer ? Crois-tu que le boulet qui l'a enlevé ne m'ait rien déchiré là dedans ? Tiens vois !

Et en prononçant ces mots le malheureux Arnaudault se déchirait encore la poitrine du bout de ses doigts agacés. Son fils consterné dévora ses larmes et n'osa plus parler de son frère.

Le jour nous trouva réparant encore du mieux possible notre navire, bouchant nos trous de boulet et faisant jouer nos pompes. Notre mât de hune de rechange allait être guindé, lorsqu'un petit trois-mâts, que l'obscurité nous avait empêchés de voir tout près de nous, passa, au lever du soleil, à nous *ranger a l'honneur.* Il nous héla en anglais, en nous demandant notre longitude. Il nous eut bientôt dépassés : dans l'état où nous trouvions, il nous aurait été impossible, malgré notre marche supérieure, de lui donner chasse, s'il avait continué sa route.

« Hissez-moi, dit Arnaudault, un pavillon anglais en berne, et parez-moi quelques pièces de canon de l'arrière avec double charge, pour apprendre à ce paria, qui vient nous accoster, quelle est notre longitude.

A la vue d'un pavillon hissé en signe de détresse par un navire à moitié démâté, le petit trois-mâts vira de bord et courut sur nous, ne supposant sans doute pas qu'un bâtiment endommagé comme nous l'étions, pût avoir des projets hostiles. Douze à quinze de nos hommes se promenaient sur le pont : les autres s'étaient cachés, pour ne pas faire soupçonner la force de notre équipage au bâtiment qui nous approchait avec confiance. Rendu à demi-portée de pistolet, le capitaine anglais nous demande : *De quoi avez-vous besoin ?* — De ton navire, lui crie Arnaudault. Deux coups de caronades chargées à mitraille accompagnèrent cette réponse. Le trois-mâts amena en criant qu'il se rendait ; et, pour être plus sûrs de notre prise, nous l'amarinâmes en l'abordant de bout en bout, et en nous accouplant pour ainsi dire avec elle.

Il fallut composer un équipage pour notre nouvelle capture : elle était chargée de coton. Son malencontreux capitaine, en venant à bord, laissa voir au capitaine de prise qui était désigné pour le remplacer, une montre assez belle. Pourquoi cette montre ? lui demanda celui-ci en anglais.

— Mais pour voir l'heure.

— Oh! à bord on te dira l'heure sans montre, lui répondit le capitaine de prise ; et le bijou passa du gousset du capitaine ennemi dans celui de l'officier du corsaire.

Je grillais d'aller à bord de la prise, malgré la haine que m'inspirait l'homme à qui son commandement allait être confié, et qui se trouvait justement être celui qui, au départ du *Sans-Façon*, m'avait recommandé pour le mal de mer, au brave maître Philippe. Mais j'avais mes raisons pour désirer de ne plus rester à bord du corsaire.

Le petit *Jacques*, le novice féminin avec lequel j'avais fait connaissance, cherchait tous les moyens de fuir son capitaine d'armes, dont la surveillance lui était devenue incommode et la tyrannie insupportable. Jacques m'avait confié l'intention où il était de se cacher à bord du premier navire que nous prendrions, et qui pourrait lui offrir l'espoir de gagner terre le plus tôt possible. Il était convenu entre nous que, de mon côté, je ferais tous mes efforts pour aller à bord de la première prise où Jacques parviendrait à se glisser. Persuadé qu'il n'aurait pas manqué de se fourrer dans la calle ou la chambre du trois-mâts que nous avions le long du bord, je me déterminai à risquer la balle. Je passe sur le gaillard d'arrière, le bonnet à la main, et m'adressant à Arnaudault, je lui dis, avec assurance :

« Mon capitaine, j'ai envie de faire mon chemin. Voilà une prise, je sais réduire une route sur le quartier et pointer la carte. Je voudrais, si c'est un effet de votre bonté, obtenir la permission de me distinguer en me rendant utile à bord du navire que nous venons d'amariner. »

Arnaudault, sans me répondre, demande à son fils un routier, et une grande carte étendue sur la table de la chambre; la carte lui est apportée : il la déploie sur le capot. « Voilà où nous sommes, me dit-il en me montrant un point marqué au crayon sur le papier déroulé devant moi et en me mettant un compas dans les mains. Quelle route ferais-tu pour attérir sur Ouessant? »

Avant de répondre à cette brusque question, que je tremblais de résoudre gauchement, je pose mes deux pointes de compas, l'une sur le point marqué par le capitaine, et l'autre sur Ouessant : — *Le Nord-Est quart d'Est*, capitaine, sans compter la variation qui est de deux bons quarts Nord-Ouest.

— Sans compter la variation, dis-tu?

— Oui, sans compter la variation, mon capitaine.

— Tu en sais plus, le diable m'emporte, que le capitaine de prise que je te donne là. Allons, puisque tu le veux, *joufflu*, saute-moi à bord de ce trois-mâts, et que le bon Dieu ou l'enfer vous conduise tous, pourvu que vous mettiez ce joli *ship* à bon port. Je te fais lieutenant de la prise, et que je n'entende plus parler de toi ! » Mes préparatifs ne furent pas longs : Arnaudault me donna une petite tappe sur la tête en signe de bienveillance et en répétant le pronostic du pauvre maître Philippe : *Ce petit Fil-à-Voile* finira par faire quelque jour peut-être *un bon petit bougre.*

La prise, équipée de douze de nos hommes, non compris le capitaine, un gros matelot bas-breton, qui devait servir de second, et moi, devenu la troisième personne du bord, se sépara du corsaire. Arnaudault, monté sur le dôme de la chambre, nous commanda, au porte-voix, de faire de la toile et de bien veiller autour de nous. Le corsaire reprit sa bordée sous ses basses-voiles. Notre nouveau capitaine, dont le nom de course était *Bon-Bord*, voulut demander au capitaine Arnaudault ses dernières instructions :

— *Va-t-en te faire f....., et ne te soûle pas, ivrogne,* lui répondit d'une voix de tonnerre le capitaine du *Sans-Façon*. Ce furent les dernières paroles que nous adressa cet intrépide marin, dont la voix retentissait encore sur les vagues qui allaient nous séparer de lui. Le *Sans-Façon* disparut bientôt à nos regards dans le creux des lames qu'il faisait blanchir en se traînant péniblement comme estropié, au milieu d'elles. Mon premier soin, après avoir satisfait aux devoirs les plus pressés de mon nouveau poste sur la prise, fut de visiter le navire, pour m'assurer de la présence à bord de mon ami petit Jacques. Je tremblais que ce joli petit être, à qui je m'étais déjà attaché sans trop encore savoir pourquoi, n'eût pu remplir la parole que nous nous étions donnée de nous réunir sur le premier navire capturé. Moi j'avais si heureusement réussi à quitter le corsaire! Mais petit Jacques aura-t-il eu le même bonheur? Son maudit capitaine d'armes ne l'aurait-il pas empêché de réaliser un dessein qu'il aura peut-être soupçonné? Telles étaient les idées qui m'assiégeaient en foule, et mon cœur, qui n'avait pas battu de peur à l'approche du combat et sous le sifflement de la mitraille, palpitait avec force et de manière à me faire défaillir. Je cherche dans la chambre, les cabines, le logement de l'équipage. Rien! Je m'insinue dans la calle entre les balles de coton : rien encore; j'étais désespéré...... Le capitaine *Bon-Bord* m'appelle pour dîner, des restes du déjeuner que nous n'avions pas laissé le temps au capitaine anglais d'achever. J'essaie de manger : je ne sais que rêver, et déjà, sans trop me douter de ce que c'était qu'une femme, je commençais à les maudire toutes ; car, à la place de Jacques, je sentais que rien ne m'aurait empêché de me cacher à bord de la prise.

Les impressions les plus pénibles glissent vite sur le cœur d'un enfant de quinze à seize ans. Je me consolais un peu de l'absence de Jacques, en m'enivrant du plaisir d'être devenu quelque chose dans ma première croisière, et de pouvoir me dire et me répéter que je me trouvais la *troisième personne du bord* sur le navire le *Back-House*.

Le matelot Ivon, devenu second de la prise, ce gros Bas-Breton dont j'ai déjà parlé, me prit avec lui pour faire le quart. C'était une espèce d'homme aussi large qu'il était haut, un homme carré enfin, un de ces êtres qui semblent nés sur la côte de Bretagne pour barboter dans la mer au sortir du berceau; mais c'était aussi une de ces fortes créations physiquement complètes, qui sentent le besoin de protéger quelque chose de plus faible qu'elles, et qui semblent faites pour s'attacher à celui chez lequel elles devinent plus d'esprit et moins de force matérielle que chez elles.

Ivon me prit dès la première nuit

de quart sous son égide, en raison de ma faiblesse même, et dans la suite, comme on va le voir, il me protégea de toute la largeur de son corps. Il y a de ces hommes qui ne savent offrir à ceux qu'ils aiment, que ce qu'ils ont de plus qu'eux en force; mais aussi qui leur offrent, sans réserve, toute leur force.

Mais, dans cette première nuit de quart, je fus bien autrement favorisé de la fortune. Je n'avais encore rencontré qu'une protection; il m'était réservé de retrouver quelque chose de plus précieux encore.

En descendant, à la fin de mon quart, dans la cabine qui m'était destinée, la tête et le cœur remplis du souvenir de petit Jacques, je ne pus trouver de repos qu'après m'être rassasié des réflexions les plus pénibles. Une main, que je pris d'abord pour celle du matelot qui devait me réveiller pour recommencer à courir la bordée, s'étendit sur moi; une voix, qui n'était pas celle d'un homme, frappa mon oreille encore troublée de ces mots que je ne conçus pas d'abord :

— C'est moi, c'est moi : n'aie pas peur!

— Mais qui toi? Est-ce que...? Ah! mon Dieu!

— Oui, c'est moi, moi, petit Jacques, tu sais bien; mais je t'en prie, parle bas: on pourrait nous entendre.

— Comment c'est... et où étais-tu donc, pauvre petit Jacques?

Cachée sous ta cabine même. La crainte de nous trahir m'a empêchée de te répondre pendant le jour, quand tu me cherchais partout ici; si tu savais combien j'ai souffert de ton inquiétude! Mais me voilà avec toi, délivrée de la contrainte que j'éprouvais sur le corsaire. Ah! si nous pouvions tous deux retourner en France! que je bénirais le Ciel, et toi, toi, mon ami, mon frère, mon enfant!....

Et des caresses bien innocentes, de mon côté du moins, exprimaient à petit Jacques tout le plaisir que j'éprouvais à le retrouver après avoir perdu l'espoir de le revoir encore.

— Comment apprendre au capitaine de prise que je suis à bord, ou comment plutôt lui cacher ma présence ?

— Je lui dirai tout : je ne le crains plus. Il pourra bien me battre, me tuer; mais il ne pourra plus te renvoyer à bord du corsaire; c'est tout ce qu'il me faut.

— Ho! garde-toi bien, mon ami, de lui avouer... Je suppose qu'il a déjà deviné, à bord du corsaire même, qui j'étais. C'est un homme qui m'inspire autant de défiance que de dégoût !

— Et à moi donc, l'ivrogne! Mais je dirai tout au second, à Ivon, qui est un brave homme, lui : il aura pitié de toi et de moi... Jacques me donna ses deux mains que je pressai dans les miennes, et s'endormit auprès de moi, harassé par la fatigue et peut-être par les émotions de cette nuit que nous venions d'acheter au prix de plus d'un inconvénient et d'un péril peut-être.

L'heure du renouvellement du quart arriva trop tôt, hélas! Ivon, le premier sur le pont quand le service l'appelait, vint me réveiller lui-même à la place du matelot qui devait s'acquitter de cette fonction. « Debout, *mon pays*, » s'écria-t-il. Puis, étonné de trouver en tâtant le matelas de ma cabine un individu de plus, couché tout habillé à côté de moi : « Ah!

bien, en voilà une bonne, se prit-il à dire : comment ! te v'là *amateloté* de c'te manière. Débrouillons un peu nos amarres, et voyons ce que ça veut dire. » Sa main fouilla, en une seconde, toute ma cabine.

La lampe de la grande chambre éclairait paisiblement la scène qui se préparait. Mon pays Ivon prend par le collet l'individu qu'il avait trouvé en supplément près de moi.

— C'est toi, petit Jacques? fit-il avec étonnement. Et que fais-tu donc à bord ?

Des larmes abondantes, comme savent en répandre toutes les femmes dans les circonstances désespérées, furent la réponse de Jacques à Ivon.

Moi, déjà levé, j'étais auprès d'Ivon : l'aveu ne se fit pas attendre. Je lui dis tout en peu de mots ; car dans les occasions pressantes, la passion n'est pas verbeuse. « C'est une femme que petit Jacques, mon brave Ivon : elle a voulu fuir son capitaine d'armes et venir avec moi. Voilà tout. »

— Ah! la bonne fichue farce, et ce pousse-caillou de capitaine d'armes qui s'est laissé gourrer.... C'est pas l'embarras, il a été soldat, et ça voulait faire le malin à bord. C'est bien fait pour lui. — Puis, reprenant un ton sérieux, il m'adressa ces paroles :

«Tu as manqué à la subordination : c'est pas bien. Mais le capitaine qu'on nous a donné d'à bord du corsaire est un véritable *suce-chopine :* il est plein comme un Anglais, un vrai pochard !... Verse-moi un verre de rhum. Monte snr le pont, laisse ta femme en bas, dans ta cabine.... Ta femme que j'ai dit, n'est-ce pas ?.. Ah! ah! ah! sa femme! ça fait p..... des épingles.... Un petit particulier de c'te façon avoir une femme! Mais, c'est égal : je me charge de toute la boutique, et laisse courir le bord qui porte à terre. »

Un poids énorme venait de m'être ôté de dessus la poitrine. Petit Jacques embrassa Ivon, qui dès lors nous fut conquis. J'étais honteux de tant de bonheur en un jour.

En me promenant sur le pont avec

mon second, une confiance intime s'établit entre lui et moi par cela surtout qu'il me savait gré de m'être rangé sous sa protection; et ce n'était cependant que le deuxième quart que nous faisions ensemble. Les marins vivent vite : ils ont besoin de tout se dire promptement, pour pouvoir se dire quelque chose; ils n'ont pas le temps d'être faux ou dissimulés. Ivon m'avoua qu'il aurait déjà fait sa fortune, s'il avait su lire et écrire.

— Vous ne savez pas lire, mon second?

— Non, mon lieutenant.

— Mais cela s'apprend.

— Oui, mais pas à mon âge, et

joint qu'avec cela j'ai la tête dure comme un Bas-Breton que je suis.

— Eh bien moi, je veux vous apprendre à lire!

— Tu seras alors bien malin, *Fil-à-Voile*; car moi je ne le veux pas... Mais, à propos, je ne veux plus qu'on t'appelle *Fil-à-Voile*, dis donc! Comment te nommes-tu, sans farce?

— Je m'appelle Léonard, maître Ivon!

Je n'avais pas prononcé mon véritable nom, qu'Ivon passe devant et dit aux matelots de quart:

« Dites donc, vous autres, je suis bien aise de vous prévenir que ce petit jeune homme s'appelle...... Comment déjà m'as-tu dit?

— Léonard !

— Ah ! oui, c'est vrai, *Léonard*, et pas *Fil-à-Voile*, entendez-vous, et que si on l'appelle encore *Fil-à-Voile*, je casserai les reins à tout l'équipage. »

Malgré l'engagement difficile que prenait là Ivon, en cas d'infraction à ses ordres, l'équipage comprit qu'il était de force et d'humeur à faire respecter ses volontés. On ne m'appela donc plus que **Léonard**.

Mon pauvre petit Jacques, laissé dans ma cabine, n'avait pu trouver le sommeil qu'il y cherchait, sans moi : il monta sur le pont. Mais au même instant, le capitaine Bon-Bord parut au milieu de nous. Je prévis une scène désagréable pour moi, quoiqu'Ivon se fût chargé de tout.

Les capitaines, lorsqu'ils s'éveillent, sont ordinairement de mauvaise humeur. Bon-Bord, en mettant le nez sur l'habitacle, trouva que la route que nous faisions était mauvaise.

— Pourquoi mauvaise? lui demanda Ivon.

— Parce qu'elle n'est pas bonne.

— Dites plutôt parce que vous avez bu un coup de trop hier soir, capitaine *Bon-Bord*. C'est vous qui l'avez donnée cette route, au surplus.

— C'est moi! J'étais donc soûl?

— Pas trop! à peu près comme à présent.

— Je parie, moi, qu'elle ne vaut pas le diable, cette route!

— Je parie que vous êtes *paf*.

— Qui est-ce qui me prouvera que cette route est bonne?

— Cet enfant, dit Ivon en me montrant, et qui en sait plus que vous et moi. Que dis-tu de la route, Léonard?

— Elle est bonne, répondis-je, si nous voulons entrer en Manche; et j'expliquai de mon mieux mes raisons à l'appui de mon opinon. Le capitaine Bon-Bord parut se rendre à l'évidence, mais d'assez mauvaise grâce. Ivon grognait, Bon-Bord cherchait une occasion de prendre sa revanche et d'avoir raison. Après un moment de silence, il reprit la conversation.

— Est-ce que je n'ai pas vu, en montant sur le pont, un jeune homme causer avec vous?

— Oui, dit Ivon. C'est tout jeunes gens que nous avons à bord... Je tremblais.

— Et qu'est-ce que c'est que ce jeune homme? Il m'a semblé ne pas le reconnaître pour un de mes gens de la prise.

— Ah! vous ne l'avez peut-être pas reconnu, voyez-vous, parce que ce jeune homme est une femme, capitaine.

— Une femme?

— Oui, la femme du capitaine d'armes, qui a passé par-dessus le bord;

déguisée en matelot, quoi, comme vous et moi.

BON-BORD.

Il ne doit pas y avoir de femme à bord, sous aucun prétexte.

IVON.

En ce cas-là, puisqu'il ne doit pas y avoir de femme à bord, cette femme est un jeune homme.

BON-BORD.

Ah ça, voyons donc, est-ce une femme, ou bien est-ce un jeune homme?

IVON.

L'un ou l'autre, comme vous voudrez : ça dépend de vous.

BON-BORD.

Il faut me répondre autrement que cela. Qu'est-ce que cet individu et quel est son sexe? Je veux le savoir.

IVON.

Si vous êtes si pressé, allez y voir; moi, je ne m'y connais pas assez. Je vous ai dit tout ce que je savais.

BON-BORD.

Eh bien ! c'est ce que nous verrons....

Moi, je tremblai de tous mes membres à ces mots du capitaine. Ivon reprit, après avoir fait deux ou trois tours sur le gaillard d'arrière.

IVON.

Je voudrais bien savoir cependant si, dans les ordonnances de la marine, il y a un article qui dit que le capitaine aura le droit de s'assurer si les individus de l'équipage sont mâles ou femelles ?

BON-BORD.

Les ordonnances disent qu'*un capitaine est roi à son bord*, et comme je suis capitaine, je peux faire vérifier les sexes.

IVON.

Vous qu'êtes si savant, cap'taine Bon-Bord, avez-vous lu par hasard, dans les ordonnances, que quand un cap'taine est soûl et qu'il ne peut plus se tenir debout, il doit aller se coucher?

BON-BORD.

Tu m'insultes, je crois!

IVON.

Non pas, je dis tout bonnement que vous êtes soûl. C'est-il vous insulter que de vous dire ce que vous êtes?

BON-BORD.

Tu m'insultes, oui. Mais c'est bon; à la première terre, je te ferai fusiller comme un chien, pour m'avoir manqué.

IVON.

Eh bien! moi, pour ne pas te

manquer davantage, je t'étouffe comme un pigeon, si tu fais le crâne; mais comme il faut cependant de la subordination à bord, je ne te tordrai tout-à-fait le cou qu'à la première terre.

En prononçant ces mots, Ivon avait saisi son capitaine par le bras droit, qu'il lui serrait de manière à le lui briser comme dans un étau. Bon-Bord, rappelé à lui-même par cette vigoureuse pression, remit sa vengeance à un temps plus reculé. Il descendit dans la chambre, où il but quelques verres de rhum en jurant, et il alla se coucher.

Ivon, que cette dispute avait agité d'autant plus violemment qu'il avait contenu sa colère, après avoir trois ou quatre fois promis à son capitaine qu'une fois à terre, il lui donnerait *une tournée telle que le cœur lui en ferait mal*, chargea sa pipe, et m'envoya devant, la lui allumer à la cuisine..

Petit Jacques, qui s'était tenu coi pendant le temps où les deux interlocuteurs échangeaient entre eux des paroles animées dont il était l'objet, vint à nous. Quelle scène! s'écria-t-il.

IVON.

Ne craignez rien! je vous ai pris tous deux sous mon écoute de grand'voile, et je vous réponds que je vous conduirai à bon port, ou que le diable m'enlèvera.

PETIT JACQUES.

Et si le capitaine veut m'opprimer en vous persécutant vous-même ?

IVON.

C'est un gredin, un vrai sac à vin, ou plutôt un vrai sac à tafia.

PETIT JACQUES.

Mais s'il s'attache à nous persécuter ?

IVON.

Vous opprimer ! Nous persécuter ! Allons donc ! c'est bon dans les comédies ça ; mais à bord et avec Ivon ! Je voudrais bien le voir : non, je voudrais le voir, là, pour la farce seulement! Mais il ne s'agit plus de tout ce bataclan. Voyons, mam'selle, racontez-nous un peu comme quoi vous vous êtes trouvée à bord du corsaire, avec votre petite mine si accastillée et vos petites mains à manier l'aiguille plutôt que *l'épissoire;* car le diable m'élingue si je comprends un seul mot dans toute cette histoire de tonnerre d......

PETIT JACQUES.

Mon histoire ne sera pas longue : c'est celle de toutes les jeunes personnes qui ont plus d'éducation que d'expérience, et plus de passions que de raison. Puisque vous vous intéressez si généreusement à moi, je vais vous apprendre qui je suis.

Ivon et moi nous nous assîmes sur le banc de quart, à côté de Jacques. Le temps était beau : le navire filait à toutes voiles sur une mer magnifique, que l'on entendait à peine glisser le long du bord. Jacques commença son histoire, à demi-voix, pour ne pas être entendu du timonnier, à qui Ivon répétait tous les quarts d'heure, en mettant le nez sur la boussole : *attention à gouverner* et *portons plein*.

HISTOIRE DE PETIT JACQUES.

« Mon nom est Rosalie Le Duc. Privée fort jeune de ma mère, je fus envoyée, à douze ans, de Brest au pensionnat d'Ecouen, pour y être élevée aux frais du gouvernement, faveur à laquelle les blessures de mon père, ancien maître canonnier, m'avaient donné des droits. Je reçus dans cette maison une éducation trop peu en rapport avec le rang modeste que j'étais destinée à occuper un jour dans le monde. Mon père ayant perdu la vue, par suite de ses blessures nombreuses, je revins auprès de lui, pour lui donner les soins que je devais à son malheur et à la tendresse qu'il avait pour moi, son unique enfant. Le capitaine d'armes de votre corsaire avait connu mon père dans ses campagnes; il lui fut facile de trouver accès dans notre humble maison. Ce jeune homme avait des manières qui, sans être distinguées, pouvaient plaire à une fille bien élevée. Sa générosité, sa franchise apparente et cet air avantureux qu'ont les marins, et qui décèle presque toujours un bon cœur, me prévinrent favorablement pour lui. Il appartenait à une famille honorable, dont il avait dissipé une partie des biens, et à laquelle il promettait une conduite à l'avenir exempte de reproches. Il devait renoncer à faire la course. Il me demanda à mon père. Le désir de rendre meilleure la position de l'auteur de mes jours, réduit à une modique retraite, me fit accepter la proposition de mon amant. Mon père me fut enlevé au moment où je devais m'unir à celui qu'il m'avait paru bien aise de pouvoir nommer son gendre. Après cet événement, il ne fut plus question de mon mariage. Je voulus renoncer à un homme qui m'avait trompée, mais il était trop tard ! »

Ivon, à ces mots, interrompit brusquement Rosalie..... Comment trop tard ? Est-ce que... Il ne manquerait plus que ça... mais non, je ne vois pas.... Quoi ! c'était donc un pas grand'chose que notre capitaine d'armes ? Promettre le mariage à une *fraicheur*, et puis après la laisser aller en dérive ! C'est un tour de jean...

Je suppliai Ivon de laisser continuer Rosalie ; elle reprit :

« Une ancienne réputation d'honneur nous impose l'obligation de fuir les lieux où nous étions estimés, quand nous avons cessé de mériter cette estime si précieuse. J'étais aussi misérable que coupable. Mon amant me promit de m'emmener avec lui aux États-Unis. Je demandais à ne plus vivre au milieu des personnes qui m'avaient connue sage. Il m'assura que son corsaire allait à New-York. Je consentis à suivre, sous les habits d'homme, celui qui m'avait séduite déshonorée. »

IVON.

Déshonorée ! allons donc ; est-ce que ça déshonore ! je voudrais bien voir ça, moi ! Mais voyez-vous cette canaille de capitaine d'armes ! dire que nous allions à New-York, quand nous allions courir bon bord de côté et d'autre ! Peut-on tromper une jeune personne de c'te manière ! Il faut que ça soit un fameux rien de bon !..

ROSALIE.

Sur le corsaire mon séducteur se montra ce qu'il était : il n'avait plus besoin de feindre avec moi pour me tromper; il osait avoir de la jalousie pour une femme qu'il avait cessé d'aimer. Léonard, le premier peut-être, découvrit mon travestissement. Je lui fis croire que j'étais mariée au capitaine d'armes; j'avais besoin de ne pas paraître trop méprisable aux yeux de cet enfant, pour qui j'ai éprouvé, pour la première fois de ma vie peut-être, un penchant que je ne cherche plus ni à cacher ni à me faire pardonner.

Je tressaillis à ces mots d'un bonheur que j'ignorais encore. Ivon reprit avec sa grosse voix : C'est-à-dire, tout bonifacement, que vous en tenez joliment pour ce petit nom de D...; mais c'est *physique* ces choses-là, et c'est pas surnaturel. On a de l'amitié pour quelqu'un, parce que ça vient tout bêtement, et puis voilà ce que c'est ; mais l'amitié, ça ne se donne pas : ça vous tombe à bord comme un grain blanc, sans savoir d'où ce que c'est venu.

ROSALIE.

Oh! je pense bien que vous n'excusez pas aussi facilement que vous le dites, M. Ivon, et mes fautes et mes aveux ; mais vous me paraissez avoir un si bon cœur... Cependant vous n'avez peut-être jamais aimé, vous ?

IVON.

Ça dépend : moi, voyez-vous, j'aime une fois que je suis à terre, pour mon argent, et à peu près sans comparaison comme.... ; mais jamais je n'ai suborné personne : j'ai toujours trouvé l'*ouvrage toute faite* avant moi. C'est plus commode et c'est plus tôt fait ; car si je disais à une particulière : *je l'épouse*, eh bien ! je ferais la bêtise ; pas pour la particulière, le tonnerre de Dieu m'en garde ; mais pour qu'il ne *soit* pas dit qu'Ives-Marie Lagadec a manqué à sa parole une seule fois dans sa vie. On est Breton ou on ne l'est pas, quoi, n'est-ce pas? Eh bien ! ça dit tout.

Pendant ce temps, pendant ces entretiens délicieux, notre navire filait toujours avec bonne brise. Cinq à six jours se passèrent de la sorte. Notre capitaine de prise se grisait régulièrement deux ou trois fois toutes les vingt-quatre heures, et, à chaque instant, il montait sur le pont pour faire prévaloir son autorité, que l'équipage méconnaissait en toute occasion. Seul un peu au fait des petits calculs nautiques qui nous étaient nécessaires pour attérir, je dirigeais la route; Ivon faisait faire la manœuvre, et il avait soin de mettre sur le corps du navire autant de voiles qu'il pouvait lui en faire porter : il appelait cela *torcher de la toile*. Les bâtimens que nous apercevions, nous les évitions : ceux qui nous chassaient, nous les perdions dans la nuit en faisant fausse route. En manœuvrant ainsi, nous atteignîmes enfin la Grande Sole; le plomb de sonde fut jeté et on annonça fond.

La terre ne pouvait pas tarder à se montrer. C'est alors que l'anxiété devint générale à bord, car c'est toujours sur les attérages que les croiseurs anglais attendaient les prises qui cherchaient à se glisser dans le port.

Pour moi, je l'avouerai, je pressentais presque avec regret le moment où nous devions toucher au terme de notre voyage; je me trouvais si bien à bord! Les dangers mêmes de notre traversée n'offraient qu'un attrait de plus à ma jeune imagination, amoureuse d'aventures et d'émotions. Cette vie incertaine de corsaire, toujours assaisonnée par le désir d'échapper avec une riche cargaison à un ennemi sans cesse excité à ressaisir sa proie, me plaisait beaucoup plus que le calme d'une existence sûre à terre, entre des parens qui préviennent tous vos besoins et des amis qui flattent tous vos goûts. Et puis Rosalie était là près de moi à chaque heure du jour. Personne ne me disputait le plaisir de l'occuper seule. Toutes les nuits elle partageait, sur le pont, à mes côtés, pendant les heures de quart, mes innocentes joies; jamais je ne m'endormais dans ma cabine sans que mes mains, fatiguées par le travail, ne reposassent dans les siennes, si douces et si caressantes. Ses soins pour moi ressemblaient beaucoup plus à ceux d'une mère ou d'une sœur qu'à ceux d'une amante ; mais je sentais de la volupté dans sa tendresse. Je la sentais d'autant plus, cette volupté, que tous mes organes étaient neufs, que mon cœur était naïf. Cette fraîcheur des sentimens de l'adolescence n'est-elle pas mille fois préférable à l'impétuosité avec laquelle, quelques années plus tard, on épuise toutes les jouissances de la jeunesse? C'est à quinze ou seize ans qu'on éprouve tout ce que l'amour a de divin. Passé cet âge, ce n'est qu'une passion ou un délassement.

Une nuit on cria terre : c'était un feu, que l'homme placé au bossoir venait de découvrir. Tout le monde s'assembla derrière; les uns disaient que c'était le phare de Scylly; les autres que ce ne pouvait être que celui du cap Lézard, et les derniers enfin, que c'était la tour d'Ouessant. L'équipage et le capitaine Bon-Bord, un peu dégrisé, semblèrent demander mon avis. Flatté de l'espèce de condescendance que je croyais remarquer dans leurs regards bienveillans, je me hasardai à dire solennellement mon opinion.

« Hier j'ai obtenu une latitude par la hauteur méridienne à l'instant où le soleil s'est montré à midi et a éclairé, pendant quelques minutes, l'horizon. Or, comme nous avons toujours couru à l'Est depuis ce temps, je conclus, d'après la latitude observée, que le feu à vue par babord à nous, ne peut être que celui du cap Lézard. »

Chacun fut de mon avis, par cela peut-être que j'étais le seul qui pût soutenir mon opinion par quelque raison bonne ou mauvaise.

Maintenant quelle route ferons-nous, demanda Ivon, pour attérir avec des vents de Nord sur quelque endroit bien mauvais de la côte de France ? Moi je suis pilote des mauvais parages.

— Mais il faut gouverner au Sud du compas à peu près.

— Et pourquoi, s'écria Bon-Bord, choisir les parages les plus dangereux ?

— Parce qu'il y a toujours moins de croiseurs là où il fait mauvais *que là où ce qu'il* fait bon.

L'opinion d'Ivon prévalut. Dans les circonstances épineuses, les hommes dont les résolutions sont vives et promptes ont toujours raison. Nous orientâmes vent arrière, laissant les feux du cap Lézard se perdre dans l'obscurité de la nuit et scintiller sur les lames qui nous poussaient, comme avec une sorte de bienveillance, vers les côtes de la France. Je dis ici avec bienveillance, car l'habitude des marins est d'animer tout ce qui se passe autour d'eux. Ainsi la mer leur semble bonne ou maligne, le vent caressant ou mal intentionné, selon que la mer les pousse ou les menace, selon que la brise les favorise ou les contrarie.

Je ne pourrais bien dire ici l'impression que la vue de ces phares étincelans que nous quittions, avait produite sur moi. Ces tours à feu, allumées sur un bout de terre au milieu des vagues, pour guider pendant la nuit les navires battus par les vents et les flots, me remplissaient l'âme de quelque chose de poétique et sublime, que je ne saurais bien exprimer. Il faut avoir navigué pour sentir certaines émotions dont on se doute à peine à terre, où les objets sont si différens de toutes les choses au milieu desquelles existent les marins. Tous nous savions que les feux que nous voyions brille rappartenaient à une terre ennemie; mais nous aimions à les voir, parce qu'ils nous indiquaient que là il y avait des hommes, des femmes et de la civilisation enfin, et que nous allions peut-être quitter l'aspect sauvage de la mer, pour nous retrouver, après bien des dangers, au milieu des nôtres et au sein de l'abondance que promet aux marins la terre de la patrie.

De quelle anxiété n'est-on pas cependant tourmenté, lorsqu'en temps de guerre on cherche sur les attérages à mettre au port le navire qui vous est confié, et qui porte quelquefois toute la fortune que vous avez conquise! Tout vous semble ennemi dans ces momens de crainte et de si frêle espérance; la moindre barque devient un vaisseau de ligne; la plus petite variation de brise paraît vous menacer d'un vent contraire ou d'une tempête effroyable. A la plus simple contrariété on se désespère : on trouve à peine le sang-froid nécessaire pour commander la manœuvre qui, au large, vous est la plus familière. C'est un port qu'il faut aux corsaires qui attérissent, pour qu'ils retrouvent leur gaîté et leur insouciante philosophie. On sent presque, dans ces momens d'anxiété, à l'approche du but, que la fortune les gâterait s'ils étaient toujours réduits à trembler pour ce qu'ils croient posséder.

Un homme à bord soutenait cependant notre courage : c'était Ivon : il ne dormait plus; mais il buvait et fumait toujours. Depuis que nous avions quitté le corsaire, il n'avait pas tiré ses grosses bottes, qui lui couvraient les cuisses. Souvent je l'avais vu visiter et maintenir en état, quatre petits-canons que la prise avait sur son gaillard d'arrière. Il avait eu soin aussi de s'assurer de l'existence de quelque barils de poudre qui se trouvaient dans une des soutes de la chambre. Avec cela, disait-il, nous pourrions nous défendre d'une embarcation qui voudrait nous accoster.

L'occasion d'employer les *canons*

qu'Ivon mettait en état ne tarda pas à s'offrir.

Vers l'heure où nous supposions, d'après la route que nous avions faite depuis le phare de Lézard, qu'au jour nous pourrions avoir connaissance de la terre, nous crûmes apercevoir derrière nous, dans l'obscurité, une masse noire qui nous suivait à une petite distance. Une mauvaise longue-vue de nuit ne nous permit pas de distinguer, comme nous l'aurions voulu, le navire qui semblait nous donner chasse. La brise était ronde, et nous portions autant de voiles que nous avions pu en livrer au vent. Tout nous portait à croire que si le bâtiment que nous avions dans nos eaux était armé, il n'avait pas du moins sur nous un grand avantage de marche, puisque depuis le temps où nous avions commencé à l'observer, il n'avait pas encore pu nous rallier. Les deux meilleurs timonniers de l'équipage avaient été placés à la barre; car dans les circonstances où il faut se sauver à force de marche, il est surtout essentiel de bien gouverner, et de ne pas perdre, par la maladresse du timonnier, le chemin que l'on fait en forçant de voile. Pour alléger autant que possible notre navire, nous jetâmes à la mer tout ce qui encombrait inutilement notre pont et qui pouvait nuire à la vitesse de notre sillage. Nous étions impatiens d'apercevoir le jour; et la crainte de voir les vents qui nous favorisaient, passer au Nord-Est, circonstance ordinaire, d'après les indices que nous avions remarqués, ajoutait encore à l'anxiété naturelle que nous éprouvions. Le jour commença enfin à poindre à travers les vapeurs rougeâtres qui épaississaient l'horizon. La mâture du bâtiment à vue était haute, et les bonnettes qu'il avait poussées au bout de ses vergues, donnaient, à la pyramide que faisait sa voilure, une base des plus larges. C'était un croiseur anglais, selon toute apparence; mais, comme nous n'apercevions que son avant, dans la position où il se trouvait, par rapport à nous, on ne pouvait guère former que des conjectures assez vagues sur sa force. Nous étions dans le mois de février : le grand jour ne se faisait que fort tard, et nous attendions, avec perplexité, que la terre dont nous devions être près, se montrât à nous ; bientôt, en effet, elle apparut sur notre avant, basse, blanche dans quelques unes de ses parties ; la mer, qui écumait en mugissant sur des brisans, au-dessus desquels voltigeait un essaim de mauves, nous indiquait assez que nous avions à éviter des dangers autres que celui de la chasse de l'ennemi.

Notre capitaine s'était un peu dégrisé ; mais il savait à peine où nous devions nous trouver, d'après la route faite : il avait d'ailleurs perdu sur nous cette autorité du commandement, si nécessaire à un chef, dans les circonstances pressantes. Ivon seul était à son affaire, et il avait assumé sur lui toute la responsabilité des événemens. Montée dans les haubans, pour reconnaître les parages où nous étions, il nous cria qu'il reconnaissait parfaitement la terre sur laquelle nous courions. «Je suis pilote du lieu, nous disait-il, et j'ai fait la pêche dans ces cailloux que vous voyez. C'est l'île de Bas, et bientôt nous verrons les clochers de Saint-Pol-de-Léon. » Son assurance nous rendit la confiance qui nous manquait, et l'obéissance passive de tout l'équipage lui fut acquise. C'est lui que nous reconnûmes tacitement pour capitaine. Il ordonna à Bon-Bord de se mettre à la barre du gouvernail, et de veiller à bien gouverner à son commandement.

Bon-Bord ne sut qu'obéir, sans oser réclamer, comme il le faisait auparavant, le bénéfice des ordonnances de la marine, qui l'instituaient, à ce qu'il prétendait, *roi à son bord.*

Notre navire allait toujours bon train : la brise fraîchissait, et la mer devenait grosse ; mais, malgré la force croissante du vent et l'agitation des lames, nous continuions à tenir toutes nos voiles et nos bonnettes dehors. Le bâtiment qui nous appuyait la chasse, n'amenait non plus aucune de ses voiles. La poursuite à laquelle nous voulions échapper était aussi vive que notre fuite était prompte et habile. Le *Back-house* que nous montions marchait bien : le bâtiment qui se tenait obstinément dans nos eaux, ne paraissait pas perdre sur nous un seul pouce de chemin. La situation devenait des plus critiques pour nous et pour notre ennemi, que le danger des écueils que nous bravions, n'effrayait pas: la terre s'approchait avec ses longs cordons de sable blanc, ses rochers noirâtres et ses brisans autour desquels les flots tumultueux répandaient bruyamment leur écume d'albâtre.

Ivon, tout en faisant gouverner pour attaquer l'île de Bas, dans l'Est, s'occupait de charger à mitraille nos quatre petits canons. Que voulez-vous faire contre ce grand navire, lui demandai-je, si c'est une frégate ? « Oh! ce n'est pas la frégate que je crains, me répondit-il; mais elle a des péniches qu'elle peut mettre à la mer, si le temps vient à *calmir*, et c'est sur les embarcations que je veux taper. En attendant, ajouta t-il, chargeons ferme ces espèces d'engins : nous leur en f..... par le bec, s'ils veulent nous tâter au derrière. »

Lorsque nous nous trouvâmes en

position de donner dans la passe, il fallut revenir un peu au vent pour enfiler le chenal par lequel nous voulions entrer. Le navire chasseur imita notre manœuvre, et nous laissa voir, dans cette *oloffée*, la batterie et le travers d'une grosse corvette. « Il faut, répétait Ivon, que cette gueuse-là ait un pilote français à bord, pour nous taquiner comme ça!... Ah! si je tenais les gredins qui servent l'Anglais, sous mes pieds, comme je te mettrais leurs jean-f..... de têtes en marmelade! » Et, en prononçant ces derniers mots avec rage, il appliquait sur le pont son large et vigoureux pied. Un coup de canon de chasse de la corvette nous annonça à qui nous allions avoir sérieusement affaire, et bientôt après nous vîmes un long pavillon anglais se déployer et se jouer au bout de la corne de notre ennemi.

« Attention à gouverner, Bon-Bord, s'écria Ivon. Moi, je vais relever le muffle à cet Anglais. Léonard, va m'allumer ce bout de mèche à la cuisine, et feu dessus. »

Effectivement, après avoir pointé deux de nos pièces placées en retraite, sur l'arrière du *Back-House*, Ivon, avec son bout de mèche, mit le feu à l'amorce. Nos deux petits coups de canon firent ricocher la mitraille sur l'avant de la corvette, qui riposta à boulet. Le feu s'engagea, et l'on n'entendait plus, au milieu de ce bruit, que la voix d'Ivon, qui répétait à Bon-Bord : « *Loffe, laisse arriver, comme ça va bien*, ou qui nous excitait en nous criant : *Feu, chargez, pointons à démâter.* »

Je lui apportais des gargousses : il chargeait nos pièces, les pointait, tirait, riait, et, le nez fourré sur l'habitacle, pour faire gouverner, ou sur la culasse des pièces, pour envoyer des *grappes de raisin* à l'anglais, il remplissait à la fois les fonctions de capitaine, de pilote et de canonnier. On a dit souvent qu'un marin était plus qu'un homme : jamais, à ce compte, je n'ai vu un matelot être plus de fois homme que mon pays Ivon, dans notre entrée à l'île de Bas.

Les boulets de la corvette nous dépassaient : notre mitraille devait quelquefois tomber à son bord. Nous parvînmes enfin, en la canonnant, à nous réfugier sous terre, sans qu'elle pût nous approcher assez près pour nous faire amener; mais, au moment où nous nous supposions sauvés, en reprenant les amures à tribord et en amenant nos bonnettes, pour faire la passe de l'Est de l'île de Bas, un faux coup de barre de Bon-Bord, toujours placé au gouvernail, nous fit toucher sur la queue d'une petite île nommée, en bas-breton, *Tisozon* (île aux Anglais). A l'ébranlement violent donné au navire par cet échouage, nous ne doutâmes plus de la perte de notre prise. Un grand coup de poing d'Ivon vola dans la figure de Bon-Bord, à la maladresse de qui il attribuait, avec raison, notre mésaventure. Le *Back-House*, roulant au milieu des flots sur les rochers où s'était brisée sa quille, se pencha sur le côté de babord, présenta tout son flanc aux boulets de la corvette anglaise, qui se mit en panne pour nous mitrailler tout à son aise, à moins d'une demi-portée de canon. Nous ne songions presque tous qu'à nous sauver sur l'île voisine, où la mer blanchissait à quelques brasses de l'endroit où nous étions échoués. Ivon seul voulait rester à bord, et il reprochait vivement à Bon-Bord d'abandonner, comme les autres allaient le faire, le navire à bord duquel il devait rester le dernier, comme capitaine.

La corvette, pour s'emparer de la prise et de nous, ou tout au moins pour incendier le navire, mit bientôt deux embarcations à la mer. Ces péniches, chargées de monde, débordèrent et ramèrent à force pour gagner la terre. Il n'y avait plus à se défendre, dans l'état où se trouvait notre malheureux bâtiment, à moitié submergé : notre chaloupe, poussée à la mer du côté de babord, par les plus peureux, reçut tous ceux qui voulaient se sauver les premiers. Rosalie me suppliait de ne pas la quitter. Ivon, que ses tendres supplications n'amusaient pas, la prit de force dans ses bras robustes, et la jeta dans la chaloupe, qui se trouva bientôt, sans nous, à une demi-portée de fusil du navire, où nous avions résolu d'attendre l'ennemi. Notre perte paraissait certaine. « Va me chercher de quoi charger cette pièce de canon, me dit *mon pays*, je vais m'amuser à *déquiller* quelques Anglais, avant d'amener pavillon. » Le pavillon anglais renversé, se trouvait encore issé à notre corne, comme on le faisait à bord de toutes les prises faites par des navires français.

Je descends, pour obéir à l'ordre qui m'est donné, dans la chambre où se trouvait la soute aux poudres : une chandelle, que l'on avait oublié d'éteindre, comme à l'ordinaire, aux premiers rayons du soleil, se consumait encore dans le globe de cristal, suspendu sur la claire-voie. A cette vue, une idée subite, comme une inspiration, s'empare de moi : je saisis le bout de chandelle, dont la mèche consumée s'éparpille et étincelle en mes mains, dans ce mouvement rapide; et, sans calculer le danger, j'enfonce la chandelle tout allumée dans le tas de poudre que renfermait la soute. Puis, montant comme un fou sur le pont, je crie à Ivon : *Sauvons-nous, sauvons-nous, le feu est dans la soute aux poudres!* A ces cris aigus, Ivon me regarde fixement, tout étonné du désordre de mes mouvemens et de l'égarement de mes traits : il me prend par les reins, me jette par-dessus le bord, comme un paquet de mauvaise étoupe; et, croyant que je ne sais pas assez nager, plonge sur moi, me fait couler, me ramène à flot, et me faisant passer sur ses larges épaules, m'attire à terre avec lui.

Rosalie, à moitié dans l'eau, sur le rivage, pour voler au devant de moi, me reçoit avec des cris, de la lame qui me pousse, dans ses bras qui me pressent bientôt. Ivon, déjà sur le bord, tout ruisselant d'eau de mer et les mains sur les banches, me demandait : « *Eh bien ! mon pays, qu'en dis-tu ?* » Sans rien répondre, je saisis Rosalie par la main, et, de toutes mes forces, j'entraine Ivon derrière un rocher de l'île. Il était temps : une détonnation épouvantable, ébranle l'île, et, en nous jetant à terre, comme anéantis, nous couvre de feu, de fumée et de débris, derrière le rocher même où nous étions réfugiés. C'était la prise qui, avec les deux péniches anglaises qui venaient d'aborder, avait sauté en l'air. Ivon, tout bouleversé d'un accident qu'il ne comprenait pas bien, me parlait en criant; j'étais devenu sourd : je lui hurlais, de mon côté, aux oreilles, il ne m'entendait pas plus que je ne l'entendais moi-même. Ce ne fut qu'au bout de quelques minutes que je pus lui faire comprendre que c'était moi qui, au moyen d'un bout de chandelle, venais de faire sauter le *Back-House.*

On ne put s'imaginer quelle fut sa joie, en apprenant cette prouesse et le succès de mon imaginative : il sautait, dansait, s'arrachait les cheveux, de joie; et se tenant les côtes, à force de rire, il s'écriait, tout essouflé : *Ah! la bonne sacrée farce!* Ah! mon Dieu, mon Dieu, est-il possible, jamais je n'ai tant ri! Et puis il répétait encore après avoir de nouveau gambadé jusqu'à l'épuisement de ses forces : Oh! quelle farce! Quelle bonne farce! Il ne voyait, dans l'explosion du navire, et les bras et jambes d'une cinquantaine d'Anglais volant en l'air, qu'une de ces espiégleries qu'il aurait faites à ma place, si l'idée lui en était venue.

Etonnés, confondus de l'explosion de la prise, dont ils ne pouvaient encore s'expliquer la cause, les gens de notre équipage, réfugiés avec nous sur l'île, accoururent vers l'endroit du rivage où nous nous tenions; ils nous entouraient, nous pressaient pour savoir quel motif avait pu porter les Anglais à faire sauter avec eux-mêmes le navire dont ils venaient de s'emparer. Ils attribuaient cet événement à l'imprudence des capteurs.

Sont-ils donc bons, nos gens! s'écriait Ivon; ils se sont mis dans le toupet ces *paliacas*, que c'est l'Anglais qui s'est fait sauter lui-même! pas si bête le jean f...! Tenez, voyez-vous bien, puisqu'il faut tout vous dire : c'est ce petit nom-de-Dieu qui a fait tout ce bataclan, avec un bout de chandelle. « Allons, accoste ici, Léonard, que je t'embrasse, et du bon coin ; car *t'as* mérité toute mon estime. Et après cette allocution, les lèvres d'Ivon, noircies de poudre et de tabac, et toutes gluantes encore d'eau de mer, s'appliquèrent vigoureusement sur mes deux joues frémissantes de plaisir et d'orgueil.

Comme *mon pays* était un peu obscur dans ses harangues, il me fallut raconter après lui le moyen que j'avais mis en usage pour faire voler en l'air tout l'arrière du bâtiment et les deux péniches anglaises. Au milieu de ma narration, Ivon, que jusque là j'avais toujours traité avec les égards que m'inspiraient son grade supérieur au mien, et son âge plus avancé, me dit en me pressant fortement la main : je n'entends plus que tu me dises *vous*, ni que tu m'appelles *maître Ivon* ou *mon capitaine* ; je prétends et j'ordonne que tu me *tutoies*, entends-tu bien, petit bougre ; je te fais enfin mon égal, et, si tu n'es pas content, *t'auras* affaire à moi. Mais, pour commencer le *tutoiement*, supposons que je *t'embête* dans le moment actuel ; que diras-tu, voyons un peu ?

—Mais *vous* ne m'embêtez jamais, *maître Ivon !*

— Ah t'y voilà-z-encore ! tu as dit *vous* et *maître Ivon* : est-ce que tu voudrais me molester, par hasard ? Allons, réponds-moi mieux que ça, ou je te.... Voyons : une supposition que je t'embête, comment *est-ce* que tu me répondrais ?

— Eh bien, puisque *tu* le veux, je *te* répondrais *va te* faire lanlerre.

— Lanlerre, ce n'est pas ça; ce n'est *pas matelot*, cette parole, ça commence bigrement à m'embêter moi-même.

— Puisque c'est comme ça, lui répondis-je, *va te faire f....*

— A la bonne heure : c'est parler au moins ! Vive la mère Gaudichon et les enfans de la joie ! Est-ce que ne v'là pas des embarcations qui nous viennent de tous les bords ! Si, ma foi de Dieu ! Mais c'est des amis, il n'y a pas de soin à avoir avec ceux-là.

Au bruit de la détonation qui venait de se faire entendre au loin, les pêcheurs, les pilotes de l'île de Bas et les corsaires mouillés sur le chenal, et qui avaient pu observer notre manœuvre, s'empressèrent de nous porter secours. Les uns arrivaient peut-être dans l'espoir de se jeter sur les débris du navire sauté. Les autres (les canots des corsaires) arrivaient pour nous prêter main-forte, dans le cas où la corvette ennemie ferait une seconde tentative pour arracher du rivage que nous avions atteint et que nous venions de couvrir, les lambeaux des hommes de son équipage. En moins d'un quart d'heure, l'îlot fut entouré d'un essaim d'embarcations françaises. Les pilotes de l'île de Bas, dans leurs pirogues effilées, débarquaient avec les courtes jaquettes qu'il portent à la mer. Chacun d'eux nous proposa un verre d'eau-de-vie; Ivon n'en refusa pas un seul. Les marins des corsaires sautaient lestement à terre, le mousquet au bras et un grand pistolet à la ceinture. Ce secours ne fut pas inutile.

La corvette anglaise, en panne devant Tisozon, avait déjà remis à la mer deux canots qui paraissaient disposés à aborder la terre, pour nous faire sans doute payer cher le mauvais sucès de sa première expédition. Embusqués dans les fentes des roches élevées qui bordent la petite plage où nous nous étions sauvés, nos libérateurs, la main droite sur la crosse de leurs mousquetons ou de leurs pistolets, attendaient le moment où les Anglais essaieraient à débarquer. Mais ceux-ci se défiérent du piége dans lequel nous voulions les attirer. Les deux canots, après s'être assurés du sort qu'avaient subi ceux qui avaient voulu amariner la prise, s'éloignèrent et retournèrent à bord de la corvette qui dans quelques minutes les hissa sur son pont. Nous entendions, de terre, le sifflet du maître d'équipage qui faisait exécuter cette manœuvre. Dans un clin d'œil, la corvette disparut en louvoyant avec rapidité et précision, au milieu des brisans et des écueils qu'elle avait à éviter pour regagner le large.

« Sont-ils donc marins, ces gueux d'Anglais! répétait Ivon, en admirant la manœuvre de la corvette qui s'éloignait. Ah! si la France n'avait pas été trahie au combat du 13 prairial!.... » C'était souvent l'exclamation qui échappait à *mon pays* Ivon. Car il faut bien remarquer que presque tous les marins paraissaient alors convaincus, pour excuser peut-être leur infériorité à leurs propres yeux, que la marine impériale était livrée à la trahison, et que la marine anglaise ne l'emportait sur la nôtre que par l'effet de la perfidie des ministres français et l'incapacité de nos amiraux.

Une fois le danger passé, et l'inutilité des efforts que l'on faisait pour sauver les lambeaux de la prise, bien constatée, nous ne songeâmes plus qu'à gagner le port voisin. Ivon, Rosalie et moi nous fûmes accueillis cordialement par l'officier qui commandait le canot du corsaire *le Revenant*, un des premiers navires qui s'étaient empressés d'envoyer leurs embarcations sur Tisozon; et, heureux du moins d'avoir glorieusement perdu notre prise, dans une heure nous nous rendîmes du rivage où nous l'avions fait sauter, dans le petit port de Roscoff, situé vis-à-vis de l'île de Bas, la première terre qui s'était offerte à nos yeux sur la côte de France.

Les pêcheurs des environs, restés à Tisozon après le depart des canots du corsaire, s'acharnèrent à sauver ce qu'ils croyaient pouvoir recueillir des débris de notre naufrage. C'est ainsi qu'après le combat que se livrent deux tigres, on voit les oiseaux de proie se précipiter avec voracité sur la dépouille de celui des combattans dont le cadavre est resté sur l'arène sanglante.

3.

VIE DE CORSAIRE.

Le gentleman Ivon. — Rosalie. — Projets. — Le café de Roscoff. — L'Anglais sauté. — Les Corsairiens. — Retour au toit paternel. — La croix d'honneur. — La part de prise.

Quelle race d'hommes que les corsaires! Quelle étrange exception ils présentent au milieu du genre humain! La terre a bien ses brigands, ses contrebandiers et ses pirates aussi, avec leurs aventures romanesques et quelquefois héroïques. Mais le métier des héros de grands chemins n'est que vil ou coupable, et rien ne saurait racheter aux yeux de la société, la bassesse de la vie d'un Cartouche ou d'un Mandrin. Mais un corsaire, un écumeur de mer même, peut encore ennoblir ses excès et jeter de l'éclat jusque sur ses fureurs. Le corsaire surtout, en pillant l'ennemi, sert toujours le pays qui lui permet d'exercer sa rapacité sur toutes les mers, et la reconnaissance nationale a confondu, dans la même gloire, Dugay-Trouin, qui fut corsaire, et Tourville, qui ne répandit son sang qu'à bord des navires de l'État.

Combien pour l'écrivain qui vivrait parmi ces hommes terribles, il y aurait de belles et vives couleurs pour peindre leur mépris de la mort, leur fureur pour la débauche et leur besoin d'affronter les dangers ! Quelle sauvage philosophie dans cette vie si vite dépensée à la mer ou au milieu des orgies ! Quelle rude noblesse dans leur prodigalité ! Comment expliquer surtout cette avidité du pillage et cette insouciance pour l'or qu'ils ont arraché au prix de leur sang ? Comparez ces basses intrigues, ce servilisme au moyen desquels on s'élève à la fortune, dans les antichambres ou dans les cours, à la courageuse et dédaigneuse témérité des corsaires, et dites-nous après à l'avantage de qui sera ce rapprochement?

Le petit port de Roscoff, où nous venions de débarquer, après l'explosion de notre prise, était le rendez-vous de tous les corsaires qui se réfugiaient dans le chenal de l'île de Bas, poursuivis par l'ennemi ou battus par les tempêtes de l'hiver. Les croiseurs anglais se tenaient toujours à vue de la petite île qui servait de nid à ces aiglons de la mer, en attendant la sortie des bricks, des cutters et des goëlettes qui, au premier bon vent, osaient braver la présence de l'ennemi, pour aller écumer et désoler la Manche.

Notre aventure avec la corvette et

les péniches anglaises, connue bientôt à Roscoff, ne contribua pas peu à jeter sur Ivon et sur moi un certain éclat de gloire. Les marins nos confrères nous accueillirent avec cordialité; les habitans nous regardèrent avec étonnement. Le déguisement de Rosalie devint l'histoire de tout le pays.

Le commissaire de la marine nous demanda à notre débarquement, avec les autres hommes de l'équipage de la prise. Il nous engagea à faire un rapport détaillé sur la manière dont nons nous étions conduits, certain, disait-il, que l'Empereur entendrait avec plaisir le récit d'un événement si honorable pour quelques uns de ses sujets. Le rapport d'Ivon fut bientôt dicté. « Nous avions un capitaine de prise que voilà, dit-il en montrant *Bon-Bord*; il buvait toute la journée et toute la nuit. Pendant que j'envoyais quelques coups de canon à la corvette anglaise qui nous chassait, notre capitaine a mal gouverné : il a jeté sa barque sur les cailloux où les petites filles de l'île de Bas vont laver leurs pieds, à marée basse. Ce petit Léonard, que voilà, a mis le feu à la soute aux poudres avec un bout de chandelle, et les Anglais, qui voulaient nous happer, ont sauté en l'air comme un feu d'artifice. Ça n'a pas été plus malin que ça, M. le commissaire. » L'officier d'administration me regarda avec surprise et bienveillance. Il prit mon nom, me demanda si j'avais des parens, et il m'engagea à aller le voir de temps à autre; ce fut la première chose que j'oubliai de faire pendant tout mon séjour à Roscoff.

En nous jetant à la mer pour échapper aux Anglais, nous avions eu soin, par bonheur, de sauver les piastres que nous avions reçues dans le partage des barils d'argent, qui s'était fait à bord du *Sans-Façon*. Une ceinture, dans laquelle nous mettions notre monnaie, ne nous avait pas quitté à bord de la prise. C'est un usage adopté parmi les marins que de porter sans cesse sur eux ce qu'ils ont de plus précieux. Toujours exposés à tous les événemens, ils ont la prévoyance de s'arranger de manière à se sauver avec ce qu'ils peuvent le plus facilement arracher au naufrage qui les menace, même au moment où ils s'y attendent le moins.

Mon ami Ivon ne tarda pas à trouver l'emploi de ses gourdes. Il commença par se faire habiller en *gentleman*, de la tête aux pieds. Il se garnit la ceinture de trois ou quatre montres, dont les breloques lui battaient l'abdomen, de la manière la plus plaisante. Un parapluie à canne ne quittait plus, quelque temps qu'il fît, ses mains goudronnées, qu'il avait eu soin de recouvrir de gants blancs, bien glacés : on aurait dit, à chaque instant du jour, qu'il se disposait à aller à une noce, ou plutôt qu'il en revenait; car il ne *dégrisait* pas du matin au soir, et quelquefois du soir au matin.

Rosalie avait repris le costume de son sexe. Jamais je ne l'avais vue encore aussi jolie que sous le chapeau de soie, au fond duquel se cachait sa jolie petite figure fraîche et vive. Elle voulut elle-même régler les détails de ma toilette, que je négligeais d'une manière désespérante pour elle; mais elle s'attacha à me vêtir un peu moins grotesquement que mon matelot Ivon.

— Et tes parens, me dit-elle, quelques jours après notre arrivée, tu n'y penses donc plus, Léonard? Jamais tu n'as songé aux inquiétudes que ta mère a pu concevoir sur un fils qui l'a quittée, sans lui faire savoir ce qu'il était devenu? Maintenant, elle croit t'avoir perdu, et tu n'as pas encore pensé à lui dire le mot qui doit faire son bonheur et peut-être la rendre à la vie.

— Ma foi, j'aime bien ma mère, mon père et mon frère; mais rien ne me coûterait autant que de leur écrire. Jamais encore je n'ai fait une lettre, et je ne saurais en vérité pas par où commencer.

— Eh bien! si je te disais, mauvais petit sujet, que j'ai déjà écrit à ton père une lettre pour toi, que dirais-tu?

— Eh! je dirais que tu as bien fait: que tu as fait mieux que je n'étais disposé à faire moi-même.

— Tu ne m'embrasses seulement pas, pour me remercier? Tu n'aimes donc plus tes parens?

Et j'embrassai encore une fois Rosalie.

— Mais que va dire ton père? Voilà ce qui m'inquiète.

— Il dira ce qu'il voudra....

— Et tu dis encore que tu tiens à tes parens?

— Sans doute que j'y tiens; mais comme je le peux, comme je tiens à toi enfin.

— Mauvais enfant ! tu m'aimes donc aussi...

Et, après des entretiens pareils, Rosalie m'accablait des caresses les plus tendres, les plus vives, auxquelles je ne répondais que par des caresses d'enfant. Celles-là suffisaient encore à mon bonheur et à celui de Rosalie, je crois; car son attachement pour moi était désintéressé. Ce n'était pas même un amant qu'elle cherchait en moi; mais avec le sentiment que je lui inspirais, elle avouait qu'elle pouvait se passer de l'amour des autres hommes. Plus tard, j'ai cherché à m'expliquer avec elle la singularité de cette sympathie, qui nous faisait trouver, si jeunes tous deux, tant de félicité dans une union presque toute intellectuelle; mais jamais nous n'avons pu parvenir à nous rendre compte de ce que nous sentions le mieux alors, et nous nous sommes souvent avoué que les momens les plus regrettables de notre amour, étaient ceux où nous nous aimions avec toute la candeur d'un sentiment fraternel.

La gentillesse, les grâces de celle qui passait pour ma maîtresse, et peut-être aussi la réputation de galanterie que devait lui donner sa liaison supposée avec un enfant, attirèrent sur ses traces tous les capitaines et les officiers les plus fringans. Nous logions tous les trois dans une maison que l'on nommait très-hyperboliquement l'*hôtel Thirat*. Deux mauvais billards, qui jusque là n'avaient vu autour de leurs tapis usés que fort peu de joueurs, devinrent le rendez-vous des galans flibustiers qui convoitaient Rosalie. M. Thirat, notre hôte, publiait que nous lui faisions sa fortune. Cet aveu fut un trait de lumière pour Ivon. Il faut, disait-il, que mam'selle Rosalie fasse définitivement quelque chose de son corps ici.

— Comment de son corps? qu'entends-tu par là? Car Ivon, comme on le sait, avait exigé que je le tutoyasse.

— J'entends par là qu'il faut qu'elle ne reste pas à rien faire, car l'homme et la femme sont faits pour travailler d'une manière ou d'autre, ensemble ou séparément.

— A quoi prétends-tu donc qu'elle s'occupe?

— A tenir boutique ou autrement; mais enfin à faire quelque chose de ses quatre doigts et le pouce.

— J'y ai déjà songé et elle aussi; et tiens, il me semble que si nous lui montions un petit magasin de bonnets et de rubans...

— Mauvais cela! La bonneterie et la rubannerie, ça tombe dans les marchandes de modes, et, comme on dit, c'est immoral.

— Marchande de mercerie ou de quincaillerie, hein?

— Mauvais encore. Ça sent trop la

rafale, et à Roscoff il n'y aurait que de l'eau à boire, avec des petits couteaux et des aiguilles. C'est pas un métier ça! Cherche encore, et va de l'avant.

— Marchande épicière?

— C'est trop commun : cherche plus haut.

— Et que pourrait-elle donc faire selon toi?

— Elle pourrait tenir un petit café, nous vendre du grog et du punch, du rhum et du bon tabac.

— Mais il faut une licence pour vendre du tabac.

— Oui, pour vendre de mauvais tabac; mais pour vendre de bon tabac, il n'en faut pas : on fait la fraude, quoi donc; et à Roscoff, ils font tous la contrebande comme des canailles qu'ils sont. Je la ferai aussi, moi, et mieux que tous tant qu'ils peuvent être. Tu n'as sans doute pas remarqué, toi, comme tous les *corsairiens* viennent louvoyer sous le vent et au vent de ta bonne amie?

— Oh! que si que je l'ai bien remarqué!

— Eh bien! mon fils, il faut leur faire payer cher leur louvoyage et le droit d'ancrage le long de cette petite corvette. Quand elle aura un café bien espalmé, ça ne désemplira pas : elle fera bonne mine à chacun et dira bonsoir à tout le monde quand on voudra l'accoster de trop près. Le plomb tombera dans son comptoir, et les paysans se frotteront la mine avec le dos de leurs mains. Qu'en dis-tu, toi?

— Je dis qu'il faut consulter Rosalie.

Rosalie fut consultée. Après une longue et mûre discussion, le projet d'Ivon fut adopté. Nous nous mîmes en course pour trouver un local. Une jolie petite maison à deux étages, boutique sur le devant, salon assez spacieux au premier, fit notre affaire; un bail de trois, six et neuf ans fut passé avec le propriétaire, moyennant le paiement d'un an d'avance. Nous entrâmes en jouissance du local. Il fallut trouver un nom au nouveau café. Ivon prit encore la parole dans cette grave délibération.

— Si nous nommions notre établissement le *Café des Trois-Amis*, hein? ce ne serait pas mal trouvé ; qu'en pensez-vous, vous autres?

— Ce titre est assez commun, répondit Rosalie, et puis nous sommes bien amis sans doute, mais je suis votre amie, et non pas votre ami, et l'enseigne ne dirait pas assez bien ou dirait peut-être trop bien.... Rosalie me regardait, en appuyant sur ces mots, avec un sourire qu'Ivon comprit à merveille.

— J'entends, j'entends la malice, reprit-il... Il y a bien un nom qu'on pourrait mettre sur l'enseigne...

— Lequel? demandai-je.

— *Aux Corsairiens*, par exemple?

— Mais ce mot là n'est pas français.

— Pourquoi ne serait-il pas français tout comme un autre?

— Parce qu'il n'est pas français et qu'il ne se trouve pas dans le Dictionnaire.

— Tout le monde cependant dit *corsairien*.

— Tout le monde a tort, mon pays, car le Dictionnaire....

— Est-ce que ça me fait à moi le Dictionnaire?

— Il faut pourtant s'en rapporter à quelque chose.

— Quand un capitaine de vaisseau

me dirait que *corsairien* n'est pas français, je lui répondrais qu'il ne sait ce qu'il dit, et que je veux qu'il soit français, moi.

— Comme tu voudras; l'observation que je fais là ne doit pas te fâcher, et si j'avais pu penser....

— Je ne me fâche pas non plus, tonnerre de Dieu; mais quand un mot est bon, il est toujours français, et je me moque de ton Dictionnaire comme de la perruque à Jacquot. Au surplus je conviens qu'en mettant *aux Corsairiens* sur notre enseigne, il pourrait bien arriver que tous ces museaux fins d'officiers et de capitaines de prise de St-Malo, *croiraient* parce qu'ils sont *corsairiens*, que c'est pour eux que nous aurions installé une jolie femme dans un café bien *accastillé* et bien *espalmé*, et il ne faut pas qu'ils se mettent dans le toupet... Cherchons autre chose... C'était pourtant un fameux intitulé : *aux Corsairiens !..*

— Voyons, quel nom décidément donnerons-nous à notre café, ou plutôt au café de Rosalie?

— Si nous mettions tout simplement *à la Belle-Bretonne ?*

— Y pensez-vous, M. Ivon? reprit Rosalie. Me conviendrait-il de me dire à moi-même que je suis belle ?

— N'est-ce pas la vérité? Et quand on dit la vérité, ma foi... D'ailleurs, le premier malin qui, en lisant l'enseigne, s'aviserait de faire la grimace, ne tarderait pas à avoir quelque chose sur la figure.

— Mais en supposant que je sois belle comme vous le voyez, est-ce à moi de l'annoncer à tous les passans, sur une enseigne ?

— Non, non ; Rosalie a raison.

— Eh bien ! toi qui es si savant, Léonard, cherche un *intitulé* à ton café. Pour moi, je ne m'en mêle plus, et je m'en bats l'œil.

Ivon allait se fâcher, je le prévoyais. Rosalie calma son amour-propre d'auteur, par quelques mots de douceur, comme elle savait en dire. Notre ami, vaincu par la gentillesse de notre compagne, se remit bientôt à chercher un autre titre plus convenable que ceux qu'il nous avait proposés; et, au moment où nons nous y attendions le moins, il s'écria, transporté, en se tenant la tête à deux mains, comme après un pénible enfantement : Le voilà, le voilà : je l'ai trouvé enfin ce chien de nom !

— Qu'est-il donc ?

— *A l'Anglais sauté !* Hein, n'est-il pas bien tappé, celui-là? et dire qu'il ne me soit pas venu tout de suite à l'idée! mais le voilà, je le tiens à retour, et il y aurait deux mille tonnerres braqués sur mon cadavre, qu'il n'y aurait pas moyen de me faire larguer cet *intitulé* qui est fameux, et je m'en vante. *A l'Anglais sauté*, ça nous ira comme un bas de soie. Un beau navire, avec le pavillon anglais renversé, pour dire que c'est une prise, voyez-vous, sautant en l'air, comme une grenade, et peint *aux oiseaux* sur notre enseigne, fera un effet superbe, ou ils seront bougrement difficiles à Roscoff. Que dites-vous de celui-là, vous autres, mes amoureux ?

Le ton avec lequel Ivon nous demandait notre avis, ne nous laissait guère la liberté de le contrarier, et il venait d'ailleurs d'exprimer son opinion de manière à la faire passer sans opposition. Rosalie et moi nous donnâmes notre pleine adhésion au titre qu'Ivon venait d'enfanter, et non sans peine. Il fut décidé que Rosalie entrerait, le plus tôt possible, en possession du café de *l'Anglais sauté*.

Il ne s'agissait plus que de trouver l'artiste qui pourrait rendre, avec vérité et talent, l'explosion du *Back-House*. L'affaire n'était pas facile à terminer à Roscoff, où les peintres de marine furent, de tous temps, assez rares. On nous indiqua cependant un vitrier qui, à force de tentatives et de conseils, finit par nous barbouiller, tant bien que mal, avec du gros rouge et du vert clair, une espèce de trois-mâts couvrant la mer de feu et de fumée, et s'éparpillant en l'air, avec les deux péniches qui l'avaient abordé.

La partie concernant les liquides

dont nous devions garnir le café de Rosalie·, donna lieu à une savante discussion qu'Ivon traita en homme versé depuis long-temps dans ces sortes de matières.

« Le rhum est rare, dit-il; mais il y a moyen pourtant de s'en procurer; car il ne manque pas de fraudeurs à Roscoff. Et puis, il n'y a rien de meilleur, pour un café, que le débit de ce qui est défendu par le gouvernement et les droits-réunis : parce que, voyez-vous, sous prétexte que c'est difficile à trouver, on vend cela le triple de ce que ça coûte. D'ailleurs, moi, je suis là pour un coup au moins, et je défie bien qui que ce soit de faire entrer tant seulement une bouteille de gin, d'eau-de-vie, de tafia ou de rack dans la maison, sans que je n'y mette le nez, pour m'assurer de la qualité de la marchandise; car, sans trop me flatter, c'est ma partie. Les corsairiens donnent ferme sur le punch : il faudra qu'il y ait; par conséquent, à poste fixe sur le feu, une chaudière à punch, pour les plus pressés. J'ai entendu dire que, pour rendre ce capiteux plus délicat, on mettait dedans quelques larmes *d'alcide* sulfurique : je leur en mettrai tant, qu'ils seront bien dégoûtés, s'ils ne se lèchent pas les *babines*, jusques par dessus le nez, après avoir sifflé un verre de brûlot de ma composition. Pour le café, ils le boiront comme il sera : moitié avarié et moitié chicorée; ce n'est pas là dessus qu'ils sont friands, les gueux. Mais sur le trois-six et le cognac de La Rochelle, avec un peu de poivre, il y aura moyen de les attirer en leur brûlant le gosier, pour les rafraîchir à leur manière. C'est moi qui me *chargera* de tous ces petits détails, et j'espère bien que je serai la meilleure pratique de *l'Anglais sauté*, quoique la boisson ne soit pas mon fort. Mais, c'est égal; pour rendre service à une petite femme gentille comme vous, on se *biturerait,* sans désemparer, une demi-douzaine de fois dans les vingt-quatre heures. »

Toutes les dispositions intérieures

et extérieures étant prises, nous songeâmes à mettre nos projets à exécution. L'enseigne de *l'Anglais sauté* fut exposée au-dessus de la porte du café : elle fit l'admiration des curieux, après avoir subi la critique des connaisseurs. Nous plaçâmes force spiritueux dans la cave, un comptoir élégant dans la salle : Rosalie en prit possession comme d'un trône. Un billard fut installé au premier étage. Bientôt on ne parla plus, dans toute la ville, que du nouvel établissement et de la belle *cafetière*. Il fallait voir avec quelle avidité les passans lorgnaient la reine du comptoir! Les capitaines et les officiers de corsaire faisaient mieux : ils entraient dans le café, et pour faire leur cour à la maîtresse du logis, ils saisissaient tous un prétexte pour consommer beaucoup. Ce qu'avait prévu Ivon, arriva: la chaudière à punch ne quittait plus les fourneaux du laboratoire. Les verres remplis sans cesse circulaient autour des tables, trop petites pour la foule des buveurs et des adorateurs. Ivon, présidant à la confection de ce qu'il appelait *les rafraichissemens*, se distinguait par le zèle avec lequel il buvait le punch au rhum, pour encourager les habitués. Quant à Rosalie, coquette comme le sont toutes les femmes que tout le monde courtise, elle ordonnait le service, comptait l'argent, attirait les pratiques par son joli babil, et se tenait à son poste, avec décence et gaîté. Il me semble encore la voir à son comptoir, souriant à l'un, lançant un regard à l'autre, à travers le nuage de fumée de tabac qui s'élevait du milieu des groupes des fumeurs. Et quand au milieu de tant de courtisans, je me disais intérieurement : *c'est moi qu'elle préfère*, malgré l'or et le rang des capitaines et le ton des plus jolis officiers, je sentais mon jeune amour-propre flatté au dernier point. Un incident, fort inattendu, vint m'arracher aux douces illusions qui suffisaient à mon bonheur imprévoyant, Mon frère tomba un soir comme une bombe dans le café de *l'Anglais sauté*, au moment où je jouais à la drogue, un verre de punch, avec mon ami Ivon.

« Enfin te voilà retrouvé, mauvais sujet, me dit-il en me sautant au cou, avec un attendrissement dont, malgré moi, je me sentis touché, malgré le cabillot de drogue qui me pinçait le nez.

— Comment, c'est toi, Auguste! Que je suis content de te revoir! Et ma mère, et notre vieux père?....

— Ils t'ont pleuré, méchant, comme s'ils ne devaient plus te revoir. Si tu savais la peine que tu leur as causée....

— Ah! je crois bien, mais que veux-tu? Je voulais naviguer, moi....

— Et tu ne nous as pas seulement écrit toi-même....

— J'y ai bien pensé, mais j'aimais mieux aller vous voir ; ça m'aurait moins coûté de prendre la poste, que d'écrire une lettre.

Rosalie, pendant cet entretien, s'était approchée de nous : elle semblait jouir du bonheur de mon frère et du mien. Ivon, resté en suspens, les cartes sous le pouce, attendait que la conversation fût finie, pour achever la partie. Fatigué enfin d'attendre le terme de cette scène d'effusion de cœur, il prit la parole, en jetant sur la table les cartes qu'il tenait à la main, en éventail.

—Sans être trop curieux, demanda-t-il à Auguste, ne pourrait-on pas savoir comment Monsieur a pu savoir que son frère était ici?

— Mais nous l'avons su, répondit Auguste, par une lettre qu'une demoiselle Rosalie Le Duc a eu la bonté de nous adresser....

A ces mots, Ivon se leva, sauta au cou de Rosalie, et, après l'avoir embrassée avec une expression de tendresse suffocante, il s'écria : « Vous vous êtes une brave fille, ou que le tonnerre de Dieu m'écrase ! »

Cette exclamation fit beaucoup rire mon frère, qui comprit que c'était à Rosalie que ma famille devait les renseignemens qu'elle avait eus sur mon compte. Moi, je ne la remerciai pas; mais je la regardai avec reconnaissance, et ses mains, qui saisirent les miennes avec force, me dirent qu'elle avait compris tout ce que je n'osais lui exprimer.

Mon frère ne se lassait pas de me regarder avec bonheur: je le contemplais avec orgueil. Ivon lui demanda la permission de lui donner une poignée de main; et, pour lui faire les honneurs de la maison, il fit apporter sur la table autour de laquelle nous étions placés, tout ce que le café contenait de flacons de liqueurs. Il fallut bien parler de nos aventures : Ivon raconta tout, sans oublier le travestissement de Rosalie. Rendu au chapitre de notre naufrage sur le *Back-House*, il rappela ma conduite et l'explosion du navire anglais, qui l'avait tant amusé. Auguste, à ce récit, me presse de nouveau dans ses bras. Nous passâmes la nuit à boire et à causer. Rosalie ne me parut jamais aussi attentive pour personne, qu'elle l'était pour mon frère; elle semblait même m'oublier pour lui. Le jour se fit : il fallut songer à partir; car Ivon et Rosalie même me pressaient de me rendre à Brest, avec mon frère, pour aller embrasser mes parens, et les dédommager, par ma présence, des inquiétudes mortelles qu'ils avaient éprouvées depuis ma fuite du toit paternel. Je consentis à suivre Auguste.

L'ordre de préparer deux chevaux de louage fut donné par Rosalie elle-même, qui, avant notre départ, fit servir un bon déjeuner, auquel Ivon et mon frère firent seuls honneur; car Rosalie roulant de grosses larmes dans ses yeux, ne put manger. Moi, malgré mon indifférence apparente, je me trouvais tout mal à mon aise. Le repas fini, on parla de se quitter, de se revoir bientôt, et je sentais en moi quelque chose qui me disait que je ne serais pas long-temps éloigné des amis que je laissais à Roscoff. Bien des baisers furent reçus et donnés dans nos adieux. Rosalie ne parlait plus qu'à peine à travers ses larmes et ses sanglots, en priant mon frère d'excuser la peine qu'elle éprouvait, malgré elle, à se séparer d'*un enfant* à qui elle avait tenu lieu de sœur, au milieu des dangers auxquels nous avions été tous deux exposés. Ivon se contenta de me donner une grosse poignée de main, et de flanquer un grand coup de parapluie sur le derrière du cheval qui m'enleva, auprès de celui de mon frère, aux émotions de cette scène de séparation. « Si tu ne reviens pas nous voir, j'irai te chercher, entends-tu, Léonard? car il n'y a que douze lieues d'ici Brest. Adieu; porte-toi bien et moi aussi. » Tels furent les derniers mots d'Ivon.

Nos chevaux étaient déjà loin, que Rosalie n'avait pas quitté l'endroit où nous l'avions laissée: elle ne s'en retourna qu'après que nous l'eûmes perdue de vue. J'avais le cœur trop gros pour répondre à mon frère, qui m'adressait des questions que d'ailleurs le trot de nos montures m'empêchait d'entendre.

Deux enfans, et surtout deux petits marins, vont vite quand ils ont à faire galopper des chevaux de louage: en cinq heures, mon frère et moi nous fûmes rendus à Brest.

Je ne dirai pas tout ce que mon entrevue avec mes parens eut de touchant et pour moi et pour eux surtout:

le reproche expira sur les lèvres de ma mère, qui ne sut que me pardonner en m'embrassant mille fois. Mon père me pressa avec plus de satisfaction encore que de tendresse, sur son sein, et, après m'avoir fait raconter mes prouesses, il déclara que j'avais bien mérité de la patrie, sans que je susse trop comment moi-même je pouvais avoir acquis des droits à la reconnaissance du pays.

Dire toutes les visites qu'il me fallut faire, les félicitations que je reçus, les questions dont les curieux m'accablèrent, serait chose trop longue et trop fastidieuse. J'abrégerai l'histoire de mon séjour à Brest, avec d'autant plus de raison, que je serais fort embarrassé de retracer toutes ces scènes de famille qui, dans une narration moins spéciale que la mienne, trouveraient peut-être place; mais qui, dans le journal d'un marin, ne pourraient contribuer qu'à affadir le récit et à ennuyer le lecteur.

Deux faits importans pour moi vinrent seuls varier la monotonie des jours que je passai chez mes parens.

Un matin, le préfet maritime invita mon père à passer à son hôtel avec moi. Je m'attendais pour mon compte à recevoir de l'autorité, au moins une verte semonce pour m'être embarqué, en négligeant les formalités d'usage, sur un corsaire en relâche; mais quel fut mon étonnement, lorsqu'au lieu de la réprimande, à laquelle j'étais préparé, j'entendis le préfet dire, avec solennité, à mon père : « Vous avez, capitaine, un fils qui vous fait honneur. Son excellence le ministre de la marine et des colonies m'écrit pour m'informer que, sur le rapport qu'il vient d'adresser à l'Empereur, S. M. a daigné le décorer, ainsi que le matelot Ives Lagadec, de la croix de la Légion-d'Honneur ; recevez-en mes sincères félicitations. »

Des larmes de joie furent la seule réponse de mon père, dont les jambes flageolaient par l'effet du saisissement que cette nouvelle inattendue venait de produire sur lui. Pour moi, je reçus l'annonce de mon élévation au rang de chevalier, avec un peu plus de sang-froid. « Quoi ! M. le préfet, on me donne la croix pour avoir fait sauter en l'air quelques Anglais?

— Oui, mon ami, et n'est-ce donc pas l'avoir assez méritée, selon vous?

— Ma foi, je trouve que c'est recevoir une grande récompense pour fort peu de chose.

— Mais avec vos heureuses dispositions, vous promettez de faire encore plus pour justifier la haute faveur dont S. M. l'Empereur a bien voulu vous honorer.

— Je me ferai tuer s'il le faut, monsieur le préfet, et voilà tout.»

Mon air déterminé et mes brusques reparties parurent enchanter l'autorité, et, avant de quitter l'hôtel de la préfecture maritime, le préfet lui-même voulut attacher à la boutonnière de ma petite veste de corsaire le ruban de la Légion-d'Honneur. Je ne saurais dire l'émotion que moi, encore enfant, j'éprouvai en recevant cette marque éclatante, que je ne croyais réservée qu'à ces grandes actions dont je n'avais encore qu'une idée confuse. Mon père, suffoqué d'attendrissement, ne pouvait plus parler. En descendant de l'hôtel avec mon cordon rouge, je retrouvai mon frère, qui attendait, rempli d'anxiété, le résultat de notre entrevue avec l'autorité maritime. Il resta stupéfait de l'honneur que je venais de recevoir, au lieu de la réprimande à laquelle nous nous attendions tous.

Il fallut voir quelle sensation produisit dans mon pays la nouvelle de la distinction qui venait de m'être accordée. On ne sait plus aujourd'hui tout ce que les récompenses décernées alors par l'Empereur des Français avaient de magique. Qu'on se figure tous les habitans d'un port de mer voyant un enfant de quinze ans décoré pour un exploit, et répétant sur leurs portes ou à leurs fenêtres : *Tiens, le voilà! C'est le petit mousse qui a fait sauter une prise anglaise*, et l'on n'aura là qu'une idée encore fort imparfaite de la sensation que je faisais éprouver en me montrant, du soir au matin, dans les rues de Brest, au milieu de mes anciens petits camarades.

L'autre événement important qui eut lieu pendant mon séjour à Brest, fut l'arrivée à Labervrack, petit port situé sur la côte du Finistère, de la première prise que nous avions faite à bord du *Sans-Façon*. Ce bâtiment, richement chargé, était parvenu, après bien des dangers, à toucher la terre de France. C'était presque une fortune qui arrivait à moi et à Ivon; car, à mon âge, quelques milliers de francs gagnés à la mer ne laissent pas que d'entourer un petit marin d'un certain prestige d'opulence. Pour le corsaire *le Sans-Façon*, nous n'en avions plus entendu parler depuis que nous l'avions quitté, à moitié démâté, dans les parages des Açores, et cherchant malgré ses avaries à faire encore quelques captures.

Le partage de la prise arrivée à Labervrack fut bientôt fait : un tiers pour l'état, un tiers pour l'armateur et un tiers pour l'équipage. Il me revint 2,500 francs pour mes parts de prise dans le partage général. Ivon eut pour son lot près de 9,000 francs. Je donnai à ma famille le fruit des premiers succès que j'avais remportés à la mer. Mais mon père, toujours rempli de scrupules militaires et de délicatesse paternelle, n'entendit pas profiter de mes précoces largesses : il voulut que mon argent fût placé chez un négociant, comme un capital dont les intérêts devaient, avec le temps, me composer une petite fortune pour mes vieux jours.

FIN DU TOME PREMIER.

TABLE

DU PREMIER VOLUME.

—

Dédicace a m. Henry Zschokke.

Introduction. 5

Chapitre 1. LE DÉPART. 9

— 2. LA CROISIÈRE. 67

— 3. VIE DE CORSAIRE. 189

FIN DE LA TABLE.

www.ingramcontent.com/pod-product-compliance
Lightning Source LLC
Chambersburg PA
CBHW071909160426
43198CB00011B/1222